这是一本提供学习资源的教材

建议配合二维码一起使用本书

获取资源

资源兑换码

1.用手机扫“资源兑换码”,注册“天生云课程”用户,再完成兑换。

2.兑换后,扫描内文的二维码查看对应资源。

3.若使用电脑,可通过浏览器访问“天生云课程”https://course.xdcbs.com,注册用户,再搜索进入《体育保健学》页面,点击“购买课程”后,输入二维码下方兑换码,完成兑换。

4.一个二维码或兑换码仅限兑换一次。

5.最终解释权归西南大学出版社所有,如有疑问,请联系客服。

电话:023-68253858　023-68868624

重庆市一流本科课程配套教材

体育保健学

彭 莉 任重宇 陆玉坤 ◎主编

西南大学出版社
国家一级出版社 全国百佳图书出版单位

图书在版编目(CIP)数据

体育保健学 / 彭莉, 任重宇, 陆玉坤主编. -- 重庆: 西南大学出版社, 2024.6(2024.12重印)

ISBN 978-7-5697-2410-3

Ⅰ.①体… Ⅱ.①彭… ②任… ③陆… Ⅲ.①体育保健学—高等学校—教材 Ⅳ.①G804.3

中国国家版本馆CIP数据核字(2024)第109099号

体育保健学

TIYU BAOJIAN XUE

主　编:彭　莉　任重宇　陆玉坤

责任编辑:鲁　欣

责任校对:张　庆

装帧设计:魏显锋

排　　版:王　兴

出版发行:西南大学出版社(原西南师范大学出版社)

地址:重庆市北碚区天生路2号

邮编:400715

市场营销部电话:023-68868624

印　　刷:重庆市涪陵区夏氏印务有限公司

成品尺寸:185 mm×260 mm

印　　张:13

字　　数:254千字

版　　次:2024年6月　第1版

印　　次:2024年12月　第2次

书　　号:ISBN 978-7-5697-2410-3

定　　价:48.00元

编委会

主　编: 彭　莉(西南大学)

任重宇(西南大学)

陆玉坤(新疆和田学院)

副主编: 杨泽丽(贵州盛华职业学院)

罗莉斯(贵阳人文科技学院)

刘博源(重庆电子科技职业大学)

凌晓宇(西南大学)

刘自慧(西南大学)

石文韬(西南大学)

前 言

在“健康中国”和“体医融合”的时代大背景之下,“健康第一”“运动是良医”等观念逐渐深入人心。体育运动对人体健康的作用是一把“双刃剑”,科学合理的体育运动能促进人体健康,相反,不但不会促进健康,还有可能导致伤病。“体育保健学”作为研究人体在体育运动过程中保健规律和措施的一门应用性综合学科,是指导科学运动、促进身心健康的有力保障。

《体育保健学》教材最初是作为西南大学的高等学校规划教材之一,于2019年开始启动。在教材编写过程中,主编团队负责的“体育保健学”课程有幸获评重庆市一流本科课程(线上课程),目前正在积极申报国家级一流本科课程。鉴于此,经教材编写团队商定,将本教材作为省级一流课程的配套教材和国家级一流课程的建设教材来编写,因此,在教材内容的遴选和呈现形式等方面做出了相对大胆的创新。教材遵循《普通高等学校本科专业类教学质量国家标准》和《普通高等学校体育教育本科专业各类主干课程教学指导纲要》的指导精神,在借鉴整合国内外多个版本教材的基础上,根据基本理论和基础知识体系将本教材的内容重构为体育卫生与健康、运动医务监督、运动损伤、运动按摩和康复运动五个部分,选取的内容既注重基础和经典,也聚焦前沿和时代,希望能充分发挥体育保健在健康中国和体育强国建设中的重要作用。

同时,按照“强基础、宽口径、重实践、强能力、提素质”的人才培养要求,强调教材在育人育才中的载体作用,在教材内容设计上,强调基础知识、基本技能的传授,突出学校体育和大众体育相关的体育卫生保健内容。另外,为体现“体育保健学”课程的应用实践性,教材编写团队将涉及的实践操作拍摄制作成图片和视频,视频以二维码形式附在相应章节处,方便学生扫码观看,切实提高学生的创新实践能力。同时每一章节也附有教师授课视频的二维码,方便学生自主学习使用或供其他读者参考。每一章均设有思考题,供教师和学生使用。因此，本教材不仅可作为高等院校体育专业学生的教学用书，还可作为中小学体育教师、教练员及社会体育指导员的参考书，也可作为运动员和一般体育运动爱好者自我学习的指导用书。

本教材是由西南大学的彭莉教授、任重宇副教授以及新疆和田学院的陆玉坤副教授担任主编，其中彭莉教授负责总体设计规划和完成授课视频，任重宇副教授对教材体系和第一、第五章的内容进行了把关，陆玉坤副教授负责第二、第三、第四章的审定。贵州盛华职业学院的杨泽丽副教授负责第一、第五章的编写；西南大学的石文韬、刘自慧老师，贵阳人文科技学院的罗莉斯老师和重庆电子科技职业大学的刘博源老师负责第二、第三、第四章的编写。西南大学凌晓宇老师负责图片和部分操作视频的制作，西南大学的彭莉教授、任重宇副教授负责全书统稿和最终校对工作。在本教材的校稿过程中，得到了西南大学出版社的大力支持和悉心指导，教材秘书李岚、刘昭志等研究生同学做了大量工作。在此，对以上各位的辛苦付出表示由衷的感谢！

限于编者的专业水平，教材中必有不妥和疏漏之处，敬请读者不吝指正，以便重印、再版时修正。

编者

2024年6月

目 录

CONTENTS

CONTENTS

绪论

一、概念与性质

体育保健学是人体保健学的一个分支，是一门综合性的应用科学，主要研究人体在体育运动过程中的保健规律和措施。其结合了医疗保健和体育运动，旨在揭示体育运动对人体的保健效应，探讨人体运动保健的基本理论、知识和技能。体育保健学的核心是研究体育运动对人体各方面的影响，是探究人体如何积极有效地适应并融入体育运动的实践策略和理论框架。

二、目的与任务

体育保健学的目的是研究体育运动参与者的身体发育、健康状况和训练水平，为合理安排体育教学、运动训练和比赛提供科学依据，并提供医务监督和运动指导；还致力于研究影响体育运动参与者身心健康的各种外部环境因素，并制定相应的体育卫生措施。此外，体育保健学还研究常见运动性伤病的发生、发展规律以及防治措施，以及伤病后的康复训练和各种疾病的体育康复手段和方法。

体育保健学的主要任务是结合基础理论课程和卫生学等临床医学知识，探究体育运动和环境对人体的影响，研究人体的反应和适应规律，以求得最佳的运动方式。体育保健学通过医学监督和指导体育运动参与者，实现不同环境下进行合理运动、增进身心健康、增强体质和防治运动性伤病的目标。

三、主要内容

本书的主要内容主要分为体育运动与健康、运动医务监督、运动损伤、运动按摩、康复运动五个部分。

第一章体育卫生与健康，包括健康概述、运动与环境卫生、不同人群的体育卫生、运动与营养卫生等内容。

第二章卫生医务监督，包括医务监督概述、学校体育教育的医务监督、运动训练和比赛期的医务监督、运动性疲劳的医务监督、运动性疾病的医务监督等内容。

第三章运动损伤，包括运动损伤概述、软组织损伤、运动损伤的急救、运动损伤的治疗与康复方法、常见运动损伤等内容。

第四章运动按摩，包括按摩概述、常用按摩手法、穴位按摩、运动按摩等内容。

第五章康复运动，包括康复运动概述、康复运动的方法与应用、运动处方等内容。

四、学习方法和要求

在学习体育保健学的过程中，学生需要学好基础理论课程，运用辩证唯物主义思想和观点以及实践所学知识来解决实际问题。只有这样，学生才能够全面理解体育保健学的知识并应用相关技能。具体可以采取以下方法。

(1)学习相关基础理论课程：学习《运动解剖学》《运动生理学》《运动生物化学》《运动生物力学》等课程的知识，这些基础理论知识是学习医务监督和运动损伤等内容的重要支持。

(2)运用辩证唯物主义思想和观点：树立人体结构与机能对立统一观点、人体局部与整体的对立统一观点、人体先天与后天的对立统一观点以及人体与外环境的对立统一观点。学生通过这些观点，能理解体育运动对人体的影响以及人体对体育运动的适应，从而掌握和运用体育运动中的保健规律和措施。

(3)学以致用、理论联系实际：体育保健学是一门应用性学科，很多内容与实践关系密切。学生在学习过程中，要加强实际动手能力的培养，注重理论与实践的结合，尝试使用所学知识解决实践中遇到的问题，不断总结经验并提高解决实际问题的能力。

第一章
授课视频

第一章 体育卫生与健康

第一节 健康概述

健康不仅仅是没有疾病或身体问题，而是一个综合的概念，涉及身体、心理及社会适应方面的完整良好状态。影响健康的主要因素包括生物遗传、社会经济水平、生活方式及环境4个方面。可以通过体格检查、生理功能检查、影像学检查、运动功能评估以及问卷调查等多种途径对健康状况进行评估。适度而有规律的身体活动不仅可以降低心脑血管疾病和慢性代谢性疾病的发生率及过早死亡的风险，还可以促进心理健康，有助于减轻焦虑和抑郁，并且有助于强健筋骨肌肉，预防和减少骨质疏松症的风险。

一、健康的概念与判定标准

（一）健康概念的形成与演化

古老的健康概念通常以是否患病作为界定，有病则被认为是不健康，没有疾病则被视为健康。然而，现代对健康的定义更加科学和全面，它指的是身体、心理和社会适应的完美状态，是机体与自然环境和社会环境之间动态平衡的结果。

1948年，世界卫生组织（WHO）在其宪章中首次提出了现代健康观念："健康不仅是免于疾病和衰弱，还是保持体格方面、精神方面和社会方面的完美状态。"随后，在1978年的阿拉木图宣言中，国际初级卫生保健大会再次重申了这一概念："健康不仅是没有疾病与体弱，而且是身心健康、社会幸福的完美状态。"世界卫生组织对健康的定义揭示了健康的渐进性，不再将其简单地划分为"有病"与"无病"的两个极端，而是强调了身体、心理和社会三个方面达到的完美状态。相较于传统的"生物-医学模式"建立的健康观，现代健康观基于"生物-心理-社会医学模式"，更加全面地考虑了人的整体性和多维度需求。人不仅仅是一个生物个体，也是一个社会成员。因此，现代健康观强调从生物、心理和社会三个基本层面来理解和实践健康。

世界卫生组织提出的健康概念被广泛接受，与传统健康概念相比，它具有以下特点：不仅关注疾病，更加强调健康的全面性；涉及人类生命的生物、心理和社会三个基本层面，超越了医学范畴；健康不仅仅是个体的健康，也包括群体和社会的健康；生物、心理和社会三个层面形成了健康的三维立体概念，也被称为三维健康观。

新健康概念（大健康观）认为，健康是指人体内外环境的高度平衡统一。内环境包括身体和心理，通过神经和体液的调节来维持稳定；外环境包括自然环境（如致病性微生物、有害化学物质和物理因素等）和社会环境（如政治、经济、文化和人际关系等）。新健康概念强调了平衡和统一的重要性。在哲学上，平衡是相对的，而不平衡是绝对的，这意味着平衡是一个持续的努力和创造的过程。因此，健康是一个我们应该终生努力追求的目标。这个概念还提出了一个有时间函数的健康立体概念，意味着健康的状态是随着时间变化的。

（二）健康评价

健康评价是指通过收集和分析与生理、心理和社会适应等方面的信息，判断个体或群体的健康水平的过程。健康评价常用的方法包括身体检查、健康问卷调查、医学影像检查等。通过这些方法不仅可以获得身体器官系统的客观指标和参数，如血压、心率、血液生化指标等，也可以评估心理和社会适应健康等情况，包括抑郁、焦虑、社会支持和人际关系等。全面客观准确地评价学生的健康水平，不仅有助于学生认识自己的健康状况、潜在健康风险，也可以为促进健康的政策制定和实施提供指向性依据。

1.身体健康的评估方法

（1）体格检查：采用测量工具，以获取量化的数据，包括身高、体重、腰围、胸围、体成分等，从而评估个体的身体形态健康状况。

（2）生理功能检查：通过采集和分析生物样本（如血液、尿液、唾液、组织样本等），测量生物标志物（如血液生化指标、激素水平、遗传标志物等），如血常规（包括血红蛋白、红细胞）、血脂（包括总胆固醇、高密度脂蛋白胆固醇、低密度脂蛋白胆固醇、甘油三酯）、血糖、尿常规（尿蛋白、尿糖、隐血）、C反应蛋白、易感基因等，以评估个体的生理功能健康状况。

（3）影像学检查：采用医学影像学技术，如CT成像、磁共振成像（MRI）等，检测身体器官的结构和功能，包括骨密度、肌肉质量、关节和骨骼结构等，以评估人体器官、组织的健康状况。

（4）运动功能评估：采用适宜的仪器或测试方法对身体运动、力量、灵活、平衡、协调以及心肺耐力等方面的能力或表现进行测量，以评估个体的运动功能水平。

2.心理健康的评估方法

心理健康评估通常由心理健康专家或医疗保健专业人士,综合运用多种医学手段,包括心理测评、神经心理学测验、神经影像学检查、实验室检查等,获取全面、客观的信息。心理健康评估不仅有助于学生了解自己的心理健康状态,也可以帮助教育行政部门及早发现学生潜在的心理健康问题并进行早期干预,避免心理健康问题进一步恶化。常见的心理健康评估包括焦虑和抑郁、认知功能、自尊等。

(1)焦虑和抑郁评估:用于评估个体的焦虑水平和抑郁状况,主要采用贝克焦虑量表(BAI)、贝克抑郁自评量表(BDI)、医院焦虑抑郁量表(HADS)等心理测评工具。

(2)认知功能评估:用于评估个体神经认知功能,主要包括注意力、记忆、思维能力、语言功能等。常采用韦氏智力量表(WISC)、斯坦福—比奈智力量表等心理测评工具。

(3)自尊评估:用于评估个体自尊水平的工具,主要采用Rosenberg自尊量表(RSES)进行测评。

3.社会适应的评估方法

社会适应能力的评估可以帮助学生识别在社会交往和社会适应方面存在的问题和困难,了解自己在社交环境中的表现及可能存在的社交障碍,评估结果可为制定有针对性的干预方案提供依据,并及早地提高学生在社会交往和社会适应方面的能力。常用的测评工具包括社会支持评定量表(SSRS)、社交焦虑量表(SAS)、社交沟通问卷(SCQ)等。

(三)健康标准

1.身体健康

(1)没有疾病,无须治疗;(2)身体发育正常;(3)食欲良好,夜间睡眠良好;(4)精神状态良好,能够适应外界环境的变化;(5)能够进行日常活动,迅速消除疲劳;(6)具备抵抗一般感冒和传染病的能力。

2.心理健康

(1)具有良好的道德行为,能够与家人、朋友和伙伴们合作;(2)具备健康的人生观,正确理解生活的意义,并对未来充满希望;(3)拥有健康的价值观,能够正确判断行为;(4)具备道德意识、环保意识、公平竞争意识和法治意识,积极从事对社会有益的工作。

3.社会适应健康方面

(1)家庭温馨,拥有良好的衣食住行条件;(2)社会和平,没有犯罪行为发生;(3)低死亡率,人们能够长寿;(4)能够控制物质污染和精神污染,实现社会的物质文明和精神文明。

4.“五快三良好”标准

世界卫生组织曾提出用“五快三良好”标准来衡量一个人的身心状态,“五快”包括食得快、便得快、睡得快、说得快、走得快,“三良好”包括良好的个性、良好的处世能力、良好的人际关系。具体描述如下。

(1)进食快速,具有良好的食欲,不偏食,能够顺利进食,无困难感;在饭后感到饱足,没有过饱或不饱的感觉,这说明口腔和内脏功能正常。

(2)排便快速,一旦有便意能够迅速排泄大小便,感觉轻松自在,这说明胃肠功能良好。

(3)能够迅速入睡并睡得很深,醒后精神饱满、头脑清醒,这说明中枢神经系统的兴奋和抑制功能协调,且没有受到病理信息的干扰。

(4)口齿伶俐,语言表达准确流利,这说明头脑清晰、思维敏捷,具备良好的心肺功能。

(5)步履敏捷,行动自如,转变灵活,这说明精力充沛。

(6)具备良好的性格,意志坚定,情感丰富,拥有广阔的心胸和开阔的心态。

(7)具备良好的处世能力,客观看待问题,具有自我控制能力,适应复杂的社会环境,保持良好的情绪状态,能够平衡社会环境和身体环境的影响。

(8)具备良好的人际关系,待人接物宽容友善,不计较小事,乐于助人,善待他人。

二、亚健康

随着社会经济的不断发展,人们生活水平的不断提高,以及人类对健康理念认识的不断深入,医学界涌现出一个新的概念——亚健康状态。亚健康状态,也称为亚临床状态或第三状态,是指人的身心处于疾病与健康之间的一种健康低质状态,主要表现在躯体、心理和社会适应3方面的改变,是机体虽无明确的疾病,但在以上3个方面出现多种不适应的感觉和症状,从而表现出活力、反应能力和对外界适应能力降低的一种生理状态。世界卫生组织发布的一项全球调查结果表明,全球范围内,约有75%

的人处于亚健康状态。有研究发现，当机体长时间处于亚健康状态，若不及时进行有效的干预则会发展为疾病状态，反之则可能恢复到健康状态。

三、影响健康的因素

明确影响健康的因素是促进健康、预防疾病的前提，生物遗传、社会经济水平、生活方式及环境是影响个体健康的4个主要因素。

（一）生物遗传

生物遗传因素是指人类在长期的进化过程中所形成的遗传、成熟、老化及机体内部的复合因素。可以将人类遗传疾病分为单基因遗传病、多基因遗传病及染色体病等。其中，单基因遗传病表现出发病率低（约占6%）、种类繁多的特点（有5000～8000种），如血友病、白化病。多基因遗传病是指由多对基因与多种环境因素共同作用导致的一类疾病，如高血压、糖尿病等。

（二）社会经济水平

社会经济水平是指个体的收入、受教育程度和职业类型3方面的总体衡量，也是预测居民健康水平的重要标志之一。社会经济水平对居民健康的影响主要表现在以下几个方面。一是医疗保障条件。相比于欠发达地区，经济较发达的地区通常拥有更完善的医疗保健体系和更广泛的医疗保健资源，包括医疗设施和医疗专业人员等，从而为居民提供优质的医疗服务。二是生活条件。经济较发达地区的居民通常拥有更好的经济条件（包括就业条件和收入水平等），良好的生活条件有助于预防疾病的传播，减少疾病的发生风险，从而提高预期寿命。三是健康教育水平。经济较发达的地区通常在健康教育方面投入更多资源，包括健康宣教和促进健康行为的活动等，促进居民有意识地采取积极的健康行为（包括健康饮食和体育锻炼等），从而改善健康状况和提高预期寿命。世界卫生组织也呼吁，社会经济水平公平化可以缩小医疗资源和卫生保健技术等方面的差异，改善社会环境和生活条件，使每个人都能够更好地享受优质的健康生活。

（三）生活方式

通常提及的生活方式即健康生活方式，是指在现实的社会网络关系和生活资源供给条件下，人们通过价值选择建构自己生理的、心理的和社会的健康需要，从而获得自己所珍视的健康的体魄和完美的生活。健康生活方式是公认的增进健康和提高预期寿命最直接、最敏感和最有效的因素,《健康中国行动(2019—2030年)》等多项卫生和健康领域的政策性文件,都将促进健康生活方式视为提高居民健康水平的重要策略。同时,健康生活方式也是我国社会发展和文明的重要标志。世界卫生组织将健康生活方式定义为均衡的膳食结构和规律的体育锻炼、戒烟限酒、充足的睡眠和有效的压力管理、定期的健康检查等(表1-1-1)。一项权威研究证实,在30岁时,满足不吸烟、适量饮酒、充足的身体活动、健康的饮食习惯及健康体重这5方面的生活方式,预期男性的寿命可以延长6.3年,女性则可以延长4.2年。

表1-1-1　健康生活方式

吸烟	不吸烟/非因病戒烟
饮酒	男性每日饮酒量<30 g纯酒精,女性<15 g纯酒精
饮食习惯	健康的饮食习惯:每日摄入新鲜蔬菜和水果,每周1～6 d摄入红肉及制品,每周≥4 d摄入豆制品,以及每周至少一天摄入水产品; 满足前述3～4条视为具有健康的饮食习惯
身体活动	积极的身体活动:总身体活动水平排位在同年龄组、同性别人群的前50%
体重和体型	健康的体重和体型:体质指数(Body Mass Index,BMI)介于18.5～23.9 kg/m^2之间,且男性腰围<90 cm、女性腰围<85 cm

(四)环境

环境是指居民的周围环境,包括由地球气候、空气、土地、水体和其中存在的生物等构成的自然环境,以及由城市和居住环境、教育与知识、社会组织与制度等构成的社会环境。人类的生命活动需要与周围环境进行物质和能量交换,以实现与环境的和谐共存,良好的环境条件是人类生存和维持健康的必要条件。在工业化和城市化的现代社会中,危害健康的环境因素主要包括化学因素、物理因素、生物因素和气候因素。其中,化学因素涵盖了有毒气体、重金属以及其他有毒化学物质等;物理因素包括电磁辐射和放射性物质等;生物因素则包括病毒、细菌、虫卵等;气候因素包括空气温度和湿度、空气质量等。危害健康的环境会诱导人类患多种疾病,包括神经退行性疾病、代谢性疾病、心血管疾病等。

四、身体活动对健康的影响

随着社会经济的不断发展和人们生活水平的提高，人们越来越意识到久坐和身体活动不足会对健康造成危害。适量运动是世界卫生组织提出的健康四大基石之一。当今社会人们对健康的认识更加深入，体育锻炼在促进健康方面扮演着独特的角色，越来越受到人们的重视，成为不可或缺的生活方式。积极参与适量运动，坚持锻炼，享受健康的人生，是我们所追求的目标，也是获得健康的基本保障。

（一）规律的身体活动对个体健康的影响

规律的身体活动要求成年人每周进行150～300 min中等强度，或75～150 min高强度有氧运动，或等量的中等强度和高强度的有氧运动组合。此外，成年人每周还要至少进行2 d的肌肉力量练习。规律的身体活动在增强体质、防治疾病和提高生命质量上起着积极的推动作用。从身体活动与死亡风险的剂量–反应关系上看，科学研究表明，当每天分别增加10、20或30 min的中高强度身体活动，每年的死亡人数分别可以减少6.9%、13%和16.9%，即使是静态生活方式的人群，也可以通过每天30～40 min的中高强度的身体活动抵消10 h的静态生活方式带来的死亡风险。从运动项目上看，挥拍类项目具有最大的健康效益，可降低47%的全因死亡率，游泳项目和有氧运动可分别降低28%和27%的全因死亡率。

根据世界卫生组织的指导，适度而有规律的身体活动对身体健康有以下良性影响：(1)减少过早死亡的风险；(2)降低心脑血管疾病的发生率；(3)降低慢性代谢性疾病的发生率，如糖尿病和高血压；(4)促进心理健康，有助于减轻焦虑和抑郁；(5)帮助预防和控制不良生活习惯，如吸烟和酗酒；(6)降低下背疼痛的发生率，并减轻疼痛症状；(7)强健筋骨肌肉，预防和减少骨质疏松的风险。

（二）静坐少动对个体健康的影响

静坐少动是指个体长时间保持能量消耗在低于1.5倍基础代谢的静坐或缺乏身体运动的行为状态，包括坐姿、躺姿和视屏娱乐活动等。在当代社会，由于电子产品的广泛应用、久坐型职业的兴起以及交通方式的改变，长时间的久坐少动已经成为众多人群的生活方式。有研究表明，在全球范围内，有28%的成年人（约有14亿人）缺乏身体活动，而且当个体每天久坐6 h及以上时，可增加12种慢性病的发病风险，包括心脏病、2型糖尿病、高血压等。

（三）欠佳的身体活动与健康的关系

欠佳的身体活动是指个体从事超过身体所能承受和适应的合理范围的运动方式、运动量或强度。欠佳的运动可能会给身体带来运动健康和运动损伤两方面的风险。运动健康风险是指如果运动量过大或者选择不适宜的运动方式，可能会增加新发疾病或已有疾病的风险。例如，不适宜的运动方式可能导致关节损伤、肌肉疼痛、心血管疾病等疾病的发生。运动损伤风险是指在运动过程中，由错误的运动技术动作、缺乏足够的热身活动、场地欠佳等因素引起的，身体遭受损伤的潜在危险或风险，例如，运动动作不到位可能会提高骨折的风险。

第二节 运动与环境卫生

人类通过新陈代谢和周围环境进行物质和能量交换,环境中的物质与人体之间保持着动态平衡,以维持人体内部环境的稳定,使身体各系统和器官能够正常运行。人体有一套复杂的生理调节机制,可以在一定范围内适应环境变化。如果环境变化在一定范围内,人体可通过自身调节适应周围环境,但如果环境变化超出了人体生理调节范围,则会引起人体某些生理功能和结构发生异常或病理变化。例如,极端环境(高温环境、低温环境、高原环境、空气污染、水体污染和土壤污染)、运动建筑设备卫生条件不达标等都可能对人体健康产生负面影响。在这种情况下,人体可能会出现一系列生理功能异常变化,例如免疫力下降、代谢紊乱、神经系统失调等,进而导致更严重的健康问题或疾病的发生。

一、极端环境对人体健康的影响

人类与周围环境之间进行着物质、能量和信息的不断交换,良好的环境为人类的生存和生活提供了必要的物质条件。同时,人类也通过生理调节活动来适应不断变化的外部环境。然而,如果环境异常变化超出了人体正常生理调节的范围,可能会导致人体发生异常变化,甚至引发病理性改变。异常环境通常包括极端温度环境(高温环境和低温环境)、高原环境、环境污染(空气污染、水污染、土壤污染等)。为了应对异常环境带来的风险和挑战,全球都致力于保护和治理环境。加强环境监测和管理,减少污染物排放,促进可持续发展和坚持绿色生活方式,是减轻异常环境对人体健康的负面影响的重要举措。只有保护好环境,才能保证人类的健康与可持续发展。

(一)高温环境对健康的影响

1.高温环境对生理功能的影响

人体的正常体温是相对恒定的,腋窝温度通常在36~37 ℃间(不同测量方法会略有差异),体温是由身体新陈代谢和内外环境的相互作用所决定的。当机体处于高温环境时,将通过汗腺分泌汗液,利用蒸发散热的方式降低体温。当机体长时间暴露于高温环境中或进行剧烈运动时,散热的效率会降低,导致体温升高。体温升高可诱发机体的热应激反应,表现为血液循环加快、皮肤血管扩张、汗液分泌增加等。长时间或过度的热应激甚至会导致体温调节失衡,出现中暑、热衰竭等严重热应激症状。另外，在高温环境下，机体流失过多的汗液会诱发脱水和电解质（包括钠离子、钾离子等）紊乱等症状，从而影响血液流动和运输氧气的能力，诱发晕厥和惊厥症状。在高温环境下，机体需要增加心脏负荷进行散热和维持体温平衡，表现出心率和呼吸频率加快、血压升高等现象，长时间的高温环境暴露还会增加患心肌梗死和心力衰竭等心血管疾病的风险。

2. 高温环境对运动能力的影响

在高温环境下，人体失水过多会限制肌纤维间的协调滑动、增加血液黏稠度、降低肌肉的氧气利用能力及造成电解质流失过多，进而导致肌肉的协调性、灵活性、肌肉耐力和力量下降及肌肉痉挛或疲劳。此外，机体长时间暴露于高温环境会促使心率升高，导致心肺功能下降。因此，运动员应尽量避免在高温环境中进行比赛。例如，对于马拉松比赛来说，最适宜的气温大约在 18 ℃。在高温的环境中进行比赛会增加身体的热应激和液体流失，导致体温过高、脱水以及运动表现下降。因此，组织者应尽可能选择适宜的比赛时间和地点，为运动员提供适宜的气温条件。此外，在高温环境下进行比赛的运动员，应在赛前 7 ~ 12 d 开始进行热适应训练。热适应训练是指暴露于热环境中，通过逐渐延长暴露时间和提高暴露强度，使机体适应高温环境的过程。这样可以促进机体对热应激的适应，提高机体的耐热能力和体液调节能力，减缓体温上升速率，延缓疲劳发生，并提高运动表现水平。

（二）低温环境对健康的影响

1. 低温环境对生理功能的影响

在低温环境下，机体为了保持体温的正常，会诱发血管收缩、减少皮肤表面血流量及肌肉不自主地收缩和松弛，产生无意识的寒颤，以减少热量损失并提高体温。低温环境也会促使血液中的红细胞、血小板和血浆蛋白等聚集在一起，导致血液变黏稠并限制血液流动，从而造成手脚发冷和增加血栓形成的风险。另外，低温环境也会刺激呼吸道黏膜和支气管，引起咳嗽、气喘等呼吸道问题。低温环境还会限制免疫细胞的活性和生成细胞因子的数量，使人体更容易受到病原体的侵袭。

2. 低温环境对运动能力的影响

在低温环境下，肌肉功能表现为肌肉和关节的活力和灵活性下降，肌肉组织的血液循环变慢，肌肉的收缩速度减慢和力量减弱，动作范围缩小以及肌肉组织供氧不足，导致肌肉功能下降，包括肌肉耐力降低以及肌肉受伤的风险升高。低温环境下的机体需要更多的能量以维持体温，保持肌肉组织的供氧和废物清除的能力不因血液循环变慢而过度下降，避免心肺系统负荷增加及心肺耐力水平降低。

（三）高原环境对健康的影响

当生长在平原地区的运动员进入高原地区（如海拔2300多米的青海多巴国家高原体育训练基地）时，由于高原环境的特点，运动员可能会经历一系列生理适应和调整过程。高原地区全年温差较小，但日温差较大、气候干燥、太阳辐射强、年平均气温低（多巴训练基地约为6 ℃），当个体在高海拔地区中逐渐适应缺氧和其他高山环境条件时，身体需要适应并应对这种缺氧环境的状态，称为高海拔适应或高原习服。

1. 高原环境对生理功能的影响

由于高原环境的气压较低，进入肺部的氧气减少，为了有足够的氧气供应，机体需要加快呼吸频率和加深呼吸深度，出现气喘、疲劳、头晕和呼吸困难等不适症状。为了适应高原环境，机体需要强化心血管系统以维持氧气供应，出现心率加快、心脏负荷增大等症状，有心血管疾病的患者应避免高原环境或采用针对性的应急措施。

2. 高原环境对运动能力的影响

高原环境对人体运动能力的影响因个体的运动水平而异。对于普通人群，缺氧环境会使肌肉、心脏和肺部无充足的氧气可用，导致心率加快、呼吸急促，表现出心肺功能下降和肌肉耐力下降。相比之下，对于耐力型运动员，缺氧环境下其心脏会逐渐适应，并增强心脏肌肉的收缩力和心脏的泵血能力，增加氧气的利用效率，从而提高心肺功能水平；对于力量型运动员，缺氧环境会使运动员倾向于利用无氧代谢途径产生能量但会伴随着乳酸的堆积，因此，长期的高原训练会提升运动员的乳酸耐受性。

3. 影响高原训练的因素

影响高原训练的因素主要包括适宜的高度、持续时间和训练强度。（1）适宜的高度。适宜的高度对于高原训练的效果具有重要影响，并应满足两个条件。第一，适宜的高原训练的高度应能够给机体带来明显的缺氧刺激，以激发身体产生适应性反应。第二，机体在适宜的高原训练的高度应该能够承受较大的训练量和强度，以取得有效的训练效果。科学研究表明，高原训练在1000～3000 m的高度范围内会取得明显的训练效果，特别是在2000～2500 m的效果最佳。（2）持续时间。由于从平原到高原需要一个适应的过程，因此，高原训练的持续时间是非常重要的。高原训练的持续时间应至少三周，在这段时间内，身体有足够的时间来适应高原环境，产生适应性反应，并达到最佳的训练效果。(3)训练强度。在高原训练中，安排适宜的训练强度应考虑以下几个方面。第一，高原训练的强度应结合运动员的身体素质、训练经验和适应能力来综合确定。第二，高原训练的强度还应根据比赛目标来确定，以便为实现目标做好准备。第三，高原训练的强度要与下山后的平原训练强度衔接起来，平原的训练强度应比高原的训练强度更高，以确保身体在高原训练后保持适应性并进一步提升训练效果。

（四）空气污染对健康的影响

1.空气污染对生理功能的影响

人体长期暴露于空气污染环境，颗粒物（灰尘、汽车尾气、工业排放物）和有害气体（甲醛、二氧化硫等）可引起气道炎症和氧化应激反应，直接刺激呼吸道，导致慢性支气管炎、哮喘、慢性阻塞性肺病、肺纤维化和肺癌等呼吸系统疾病。科学研究表明，空气污染会提高心血管疾病的发病风险，表现为$PM_{2.5}$短期暴露每增加10 μg/m^3，心血管疾病死亡率增加0.63%；而PM_{10}短期暴露每增加10 μg/m^3，心血管疾病死亡率增加0.36%。空气污染物可以通过介导全身性炎症反应，增加动脉粥样硬化斑块易损性和血液促凝性，提高心血管疾病的发病风险。空气污染也可以介导睾丸炎症，对男性生殖功能产生不利影响。既往研究发现，机体暴露于$PM_{2.5}$中对精子造成的破坏伴随着明显的睾丸炎症或相关的氧化应激反应，以及血睾屏障的损害，导致男性精子活力下降。空气污染也会对糖代谢疾病带来不利影响。空气污染可能导致胰岛素依赖的葡萄糖摄取减少和胰岛β细胞受损，进而引起胰岛素抵抗和胰岛素分泌不足，诱发2型糖尿病。

2.空气污染对运动能力的影响

空气污染物（包括O_3、SO_2、CO）主要通过影响呼吸系统，进而影响神经和心肺功能，从而影响运动能力。空气污染会对运动能力造成不利影响主要有3个方面的原因：第一，运动时每分通气量增加导致吸入污染物的量增多；第二，运动时吸入的空气大部分经口腔进入肺，没有经鼻腔的有效过滤和湿化；第三，在运动过程中，呼吸频率和气流速度加快，导致污染物更容易深入呼吸道，从而加快污染物在肺部的扩散速度。

(五)水体污染对健康的影响

水是人体的基本组成成分,也是生命活动和各行业生产过程中不可或缺的重要物质。水体是天然或人工形成的水的聚积体,包括海洋、河流(运河)、湖泊(水库)、湿地(沼泽)、冰川、积雪、地下水和大气圈中的水等,当外部某些物质混入水源后会降低水质。为了净化水质,水体会通过一系列的物理和化学过程,包括稀释、混合、挥发、沉淀等物理方法,以及氧化、还原、复分解等化学方法,以及水生生物的降解,实现物质的降解和杂质的减少。然而,当混入水体中的物质含量超过水体的净化能力时,水质的物理和化学特性会发生变化,出现水质下降的现象,即水体污染。

1.引起急性和慢性中毒

当人们饮用被污染的水时,会有中毒的危险。例如,饮用含有汞的水可能导致水俣病,饮用含有镉的水可能导致痛痛病等。此外,还有砷中毒、铬中毒、氰化物中毒和多氯联苯中毒等。水污染对人体健康的威胁,主要分为急性和慢性中毒两个方面。急性中毒是指人体在短时间内,暴露于高浓度有害物质的水体后出现剧烈的症状,如呼吸困难、呕吐、腹泻、中毒和神经系统受损等。慢性中毒则是长期暴露于低浓度有害物质的水体,随着时间的推移逐渐显现出症状。慢性中毒可能导致多种慢性疾病,如癌症、神经系统损伤、生殖问题和免疫功能下降等。

2.致癌与传播疾病

当水体中存在砷、铬、镍、铍、苯、胺、苯并芘等有毒、有害物质时,人在饮用了这些污染水体后,患癌的概率会大幅度升高。这些有毒、有害物质一般蓄积在悬浮物和底泥以及水生生物体中。此外食用蓄积有这类物质的食物之后患癌的概率同样很高。除了致癌之外,长时间饮用受污染的水体可能会发生以水为媒介的传染病。

(六)土壤污染对健康的危害

当土壤受到一定程度的污染后,土壤的自净作用会通过物理、化学和生物作用,将病原体杀灭,有机物质被分解,形成无害且可被植物利用的腐殖质和无机盐。然而,当土壤被污染的程度超过其自净能力时,就产生了土壤污染。土壤污染严重影响人体健康,主要体现在以下几个方面。

1.引起中毒

排放的工业废水中可能含有铅、镉等重金属毒物,当工业废水被用于灌溉农田,毒物可能通过食物进入人体内造成慢性镉中毒(痛痛病)和铅中毒。另外,当土壤被含有砷、汞的农药污染后，进入人体内就会引起慢性砷中毒和汞中毒。当废水和农药污染的土壤经雨水冲刷后，会污染地表水和地下水，这些水体进入人体会引起中毒。

2. 诱发癌症

科学研究证实，镉和苯氧氯酚除草剂等物质对人体具有致癌作用。此外，如果土壤受到放射性污染，通过外照射和内照射（由呼吸道和消化道途径）影响人体健康，除了可能诱发癌症外，还可能导致头晕、乏力、脱发、白细胞减少或增多等症状。

3. 传播疾病

当土壤被含有病原体的粪便、垃圾和污水污染后，可能成为多种疾病的传播媒介，包括伤寒、副伤寒、痢疾、结核病等。此外，多种病原体（如破伤风、气性坏疽、肉毒杆菌等）在土壤中能够长期存活，是多种传染病的重要病源。

二、运动建筑设备卫生

（一）运动建筑设备的一般卫生要求

关于运动建筑设备的卫生要求，包括以下几个方面。（1）位置的选择。运动场馆修建的位置需要注意避开环境污染区，选择交通便利的地点，方便群众进行体育活动，并且便于进行绿化，最好靠近水源。（2）坐落方向。室外运动场馆最好选取长轴与子午线平行（即正南北方向）或长轴与主导风向垂直的方位。室内场馆如果使用自然采光，则最好选择坐北朝南的方向；如果采用人工照明，则一般不考虑坐落方向。（3）采光与照明。采光可以分为自然采光和人工照明两种方式。自然采光利用窗户使自然光线射入室内场馆，在评定自然采光质量时需要考虑采光系数和自然照度系数。采光系数指窗户面积与室内地面面积的比例，标准范围是1∶3～1∶5。自然照度系数指在散射光条件下，室内照度与室外照度的百分比，系数越大，光线质量越好。人工照明利用电灯进行照明，其卫生要求是光线充足，室内照度应不低于50 lx，光线应均匀、不闪烁、不刺眼、不产生浓影、不污染空气，辐射光谱最好接近太阳光谱。（4）通风。运动建筑物必须有良好的通风设施，以排出室内污浊的空气，保持室内空气卫生。通风可以通过门窗、通风孔、风扇和空调等设施、设备实现。（5）采暖与降温。运动建筑物应该配备合适的采暖和降温设备，以确保室内的温度适宜（通常为23～25 ℃），并保持室内各处温度相对均匀且稳定（温差不超过2～2.5 ℃）。由于中国东、南、西、北、中各地区的自然气候差异很大，采暖与降温的方法应根据当地的自然条件进行适当调整。

（二）室外运动建筑设备的卫生要求

1.田径场

在布局田径场时，既要考虑每个项目都有足够的合乎规格的场地，又要考虑教学、训练和比赛的方便。田径场的跑道应该平整坚实，具有弹性且没有浮土，晴天时可以保持一定的湿度，雨天时应该便于雨水渗透，避免积水。跑道应至少有100 m的直线跑道。有条件的地方，可以使用全天候跑道。跳跃区的助跑道卫生要求与跑道相同，且助跑道的方向应避免阳光垂直照射。踏板应与地面平齐，沙坑的边缘应为木质，与地面平齐；沙坑内应填满三份锯末与七份干净沙子组成的混合物，在使用前应掘松并耙平。在跳高或撑竿跳高时，沙坑内应放置较厚的锯末或海绵并高出地面。投掷区必须与其他场地分开，每个投掷区内不允许同时进行多种投掷项目，不允许面对面投掷。铁饼和链球场地应有护栏，以确保安全。室外的单杠、双杠、高低杠、吊环等固定器械需要经常检查是否有螺丝锈蚀、松动或断裂，如有问题应及时修理。

2.球场

在球类场地中，篮球场地和排球场地应该平坦、结实，没有碎石和浮土，地面不滑且软硬适宜（水泥场地硬度较大，三合土场地硬度较合适）。这样的场地能够提供良好的球类运动体验感和足够的安全性。而足球场最好有草皮（天然或人工草皮），以提供更好的球场表面和运动体验感。球场的周围应该留出2～2.5 m的范围，不设置任何障碍物，以避免发生撞伤事故。

3.游泳池

游泳池的卫生要求主要集中在保持池水的清洁。如果游泳池的水源为江河等，首先要确保水源没有污染，水流速度不超过0.5 m/s，水深在1～1.8 m之间，池底没有淤泥、树桩、水草或大石块等障碍物。为了确保水质卫生，每天都应对游泳池的水质进行化学和细菌检查。此外，池边应配置简易更衣室、淋浴设施、洗脚池和厕所等设施、设备，为游泳者提供方便舒适的环境。同时，游泳池应该配备专业救护人员，以确保游泳者的安全。

（三）室内运动建筑设备的卫生要求

1.体操馆

体操馆的使用面积应该为每人占地4 m^2。木质地板应该平坦，没有裂缝，为了确保安全，墙壁应该是平坦的，没有突出部分或雕刻装饰。馆内应该有充足的光线，符合采光系数和人工照明要求的标准。为了保持清洁，室内最好采用吸尘器或湿式抹扫的方式进行清洁，不应使用滑石粉来代替镁粉。在进入馆内时应穿着软底鞋，以保护地面。体操器械应该安装稳固，必要的地方应该钉上防滑胶皮，而且器械下方应该加上海绵垫，两块垫子之间不能有空隙，以防发生事故。同时，需要注意体操馆的采暖和降温，保持一个适宜的温度环境。

2.球类馆

为了确保球类馆的使用质量和安全性，地面必须平整、结实且不滑，没有浮尘，并且最好使用木质地板。当采用人工照明时，室内灯光的安装点距离地面的高度应符合以下要求：篮球馆不低于7.5 m，排球馆不低于8.5 m。此外，球类馆必须有良好的通风和换气系统，以保持室内的空气质量良好。为了确保安全，球场的边线至墙壁至少要有2 m的距离。

3.游泳馆（池）

游泳馆（池）的布局应按照以下顺序进行设置：更衣室→存衣室→厕所→准备活动室→淋浴室→涉水室→游泳池。为了确保安全和合理的使用，游泳池的深、浅水区应该严格分开。深水区的水深应在1.8 m以上，而跳水区的深度应在3 m以上。每个人使用池水的面积至少为5 m^2。游泳池的水质应满足以下要求：pH值应在7.2～8.0之间；余氯含量不低于0.3 mg/L；细菌总数不超过100个/mL；大肠杆菌不超过3个/L。水的透明度应达到的标准为：站在岸上能够清晰地看到池底任何一个地方的一个直径约为10 cm、中间有直径为5 cm呈黑色的圆盘。游泳池的水温应保持在18～25 ℃之间，而室温应维持在24～25 ℃。池壁和池底应平整、光滑且不可渗水；岸上应有用于准备活动的平整空地。此外，游泳池应配备必要的急救设备和救生人员。换水方式可以采用全换水式、流水式或循环式，以保持池水的水质稳定和清洁。

第三节　不同人群的体育卫生

不同人群的体育卫生的原则在于根据个人的健康状况和需求选择适度、安全且个性化的体育活动。每个人都应该根据自己的身体状况选择合适的运动方式，并结合适当的饮食和休息，以实现身心健康的目标。本节主要介绍儿童少年、女子、老年人三个人群的体育卫生。

一、儿童少年的体育卫生

（一）儿童少年的运动系统

1.骨骼和关节的解剖生理特点

在骨骼成分方面，儿童少年的有机物和无机物的比例约为1∶1，而成人的有机物和无机物的比例则为3∶7，有机物含量较多的骨骼会呈现弹性大、密度小的特点，表现出骨骼不易骨折和易弯曲变形。在关节结构方面，儿童少年与成人基本相同，表现为关节面软骨较厚，关节囊较薄，关节内、外韧带较薄而且松弛，关节周围的肌肉细长，因此伸展性和活动范围大于成人；儿童少年关节的灵活性与柔韧性都优于成人，但牢固性较差，在外力作用下容易脱位。

2.骨骼肌的解剖生理特点

从骨骼肌的成分看，与成人相比，儿童少年的骨骼肌含有较多的水分和较少蛋白质，因此，表现出力量弱、耐力差、易疲劳、恢复快的特点。从骨骼肌的发育顺序来说，躯干肌先于四肢肌，屈肌先于伸肌，上肢肌先于下肢肌，大肌肉群先于小肌肉群。在骨骼肌生长加速期，骨骼肌的生长表现为纵向长度变长，但骨骼肌力量和耐力较差；在生长加速后期，骨骼肌表现为横向直径变粗，骨骼肌力量增强。

3.儿童少年运动系统的体育卫生要求

为了更好地发挥体育锻炼对儿童少年运动系统的良好影响，根据儿童少年运动系统的发育特点，在体育教学与运动训练时，应注意以下几方面。

（1）注重正确的运动训练姿势，防止运动损伤的发生。由于儿童少年骨骼的承受力和骨骼肌拉力还较差，因此，运动量过大或不恰当的运动训练都会对儿童少年的骨骼生长发育产生不利影响。此时，应注意调整运动方案。儿童少年虽然关节活动幅度大、柔韧性好，但牢固性较差，极易发生关节的脱位和韧带的扭伤。另外，技术动作不得要领，也很容易造成肌肉、关节或韧带的损伤。因此，在发展柔韧性的同时，应注意发展关节周围肌肉群的力量，以防止骨软骨病及关节损伤的发生。在每次进行体育锻炼时，应注意做好准备活动，仔细检查场地器械，掌握好技术动作，特别是落地缓冲的技术，以免因准备活动不充分，或因器械的损坏，或因动作的不正确而造成肌肉、韧带的拉伤或其他伤害事故。

(2)注重身体各部位的全方面锻炼。有些运动项目只是单侧运动，如乒乓球、羽毛球、田径的投掷项目等，若不注意两侧的对称性练习，则易造成肢体发育的不对称和一侧肢体过度劳损。

(3)不宜在坚硬的地面上反复进行跑跳练习。与成年人相比，儿童少年的脊柱尚未完全发育，对外来冲击的缓冲能力较差。如果长期在硬地面(如水泥地面)上进行跑跳训练，会过度刺激下肢骨骼的骨化点，导致过早骨化或软骨受损，进而影响骨骼的正常生长发育。另外，也应避免过多从较高的地方跳下，防止对骨盆发育造成偏差。因此，建议选择柔软的地面，如草坪或塑胶跑道等进行跑跳训练，以减轻对骨骼的不良影响。

(4)不宜过早地从事过多、过重的力量练习。过多和过重的力量练习会对儿童少年的下肢产生不良影响，导致腿部变形和足弓高度下降。这会促使下肢骨骼过早完成骨化，从而影响整个身体的生长发育。因此，儿童少年要遵循低负荷、多次数和以动力性力量练习为主、静力性力量练习为辅的原则发展骨骼肌力量。

(5)要注意磷、钙的补充。由于儿童少年正处于骨骼生长发育的关键阶段，对矿物质的需求量较大，尤其是磷和钙。因此，在膳食中应确保摄入足够的磷和钙。此外，为了促进磷和钙的吸收，也要注意安排充足的户外体育活动，让儿童少年接触到充足的阳光。晒太阳是人体合成维生素D的重要途径，而维生素D对磷和钙的吸收和利用非常关键。因此，合理的膳食搭配和适度的户外活动对儿童少年的骨骼生长发育至关重要。

(二)儿童少年的心血管系统

1.心血管系统的特点

儿童少年的心血管系统尚未完全发育成熟，心脏容积和体积相对较小，心跳频率较快，单位面积的心肌纤维中毛细血管数量较多，血管壁的弹性较好，动脉血管的直径较大，血压较低。随着年龄的增长，血压也会逐渐升高。到达性成熟期，由于内分泌的影响，心血管系统的功能会出现较大的波动，有时甚至可以引起青年性高血压的发生。

2.心血管系统的体育卫生要求

为了更好地发挥体育锻炼对儿童少年心血管系统的良好影响，根据心血管系统发育的特点，应注意以下几方面的体育卫生要求。

(1)合理安排练习内容。儿童少年的体育活动应以短时间的速度性练习为主，不宜过多强调耐力和力量训练。在12岁后，可以逐渐增加力量和耐力练习。

(2)合理安排运动量、运动强度和运动密度。在体育锻炼或运动训练中，需要合理安排运动量。运动强度可以适度加大，运动密度可以适度减小，增加中间休息的次数，避免训练时间过长。同时，需要遵循循序渐进和个体差异的原则。

(3)避免过多的憋气动作。儿童少年应避免过多的憋气动作，因为憋气会导致胸腹腔压力升高，减少静脉回心血量，降低心输出量，影响心脏的血液供应。在憋气结束的瞬间，胸腹压力突然减小，使大量血液回流至心脏，导致心脏过度充盈，不利于心脏的正常工作。特别是一些负重的憋气练习，应该避免过多进行。

(三)儿童少年的呼吸系统

1.呼吸系统的特点

在儿童少年时期，呼吸中枢的兴奋性较高，呼吸频率快。由于胸廓狭小，呼吸肌肉的力量相对较弱，并且肺容量也较小，导致摄氧量与成人相比较少。由于最大摄氧量较小，这意味着儿童少年在进行锻炼时不能承受太大的负荷。然而，在适当的负荷下，儿童少年的恢复速度普遍较快。

2.呼吸系统的体育卫生要求

为了更好地发挥体育锻炼对儿童少年呼吸系统的良好影响，根据呼吸系统的发育特点，应注意以下几方面的体育卫生要求。

(1)注意呼吸的深度，充分利用呼吸器官的潜力。在运动过程中，应有意识地加深呼吸，避免过快和浅表的呼吸。因为只有在肺泡中的空气才能与血液进行气体交换，过快和浅表的呼吸无法使充分的空气进入肺泡，从而影响通气效果。

(2)呼吸方式、节奏与运动协调配合。根据不同的运动类型，合理地运用憋气来提高力量，在悬垂训练中应以腹式呼吸为主，而在直角支撑时，应侧重胸式呼吸。呼吸方式和节奏的协调与运动方法相匹配，有助于提高运动效果。

(3)注意呼吸的卫生。在运动过程中,应始终坚持通过鼻子呼吸。即使呼吸急促时,也应尽量通过鼻子吸气,并通过口鼻同时呼气。此外,在进行锻炼时,应避免在尘土飞扬或空气污染严重的环境中进行。在严寒或刮风的天气条件下,应采取适当的措施来保护呼吸器官的健康。

(四)儿童少年的神经系统

1.神经系统的特点

在儿童少年时期,中枢神经系统的兴奋过程占据主导地位。神经过程容易泛化,而分化能力较差。儿童少年的神经活动具有较大的灵活性,在神经活动中,第一信号系统的活动占主导地位,因此容易建立起运动性条件反射。但儿童少年的工作适应能力、抽象思维能力和分析综合能力均不如成年人。此外,儿童少年时期的神经细胞工作耐力较差,容易出现疲劳。不过,由于儿童少年的神经过程具有较大的可塑性,神经细胞具有快速恢复功能平衡的能力,因此能够较快地消除疲劳感。

2.神经系统的体育卫生要求

为了更好地发挥体育锻炼对儿童少年神经系统的良好影响,根据神经系统的发育特点,应注意以下几方面的体育卫生要求。

(1)多样化和生动活泼的体育活动。体育活动的内容和形式应该多样化,可以穿插一些游戏和小型比赛,并注意活动中要有适当的间歇。

(2)使用直观教学和示范教学的方法。由于儿童少年的神经活动主要以第一信号系统为主导,因此,在体育教学和锻炼过程中,教师或教练应多使用简单、形象的语言进行讲解,多让儿童少年进行模仿性练习。这有利于儿童少年建立运动性条件反射,培养观察和思维能力,并促进第二信号系统的发育。

(3)避免过于复杂和精细的技术动作。儿童少年的大脑皮质神经细胞分化尚不完善,神经系统的综合分析能力较差,小肌肉群发育较慢,因此不适宜进行过于复杂和精细的技术动作。

(4)根据青春发育期男女少年的不同心理特点进行教育。在青春发育期,女少年由于内分泌腺活动的改变,神经系统的稳定性受到影响,平衡和协调能力下降,对参加体育锻炼的积极性和热情较低。因此,教师在教学过程中要耐心引导,提高她们参与体育锻炼的自觉性和积极性。可以适当增加她们感兴趣的内容,如健美操和韵律操等。而这个时期的男少年心理特征表现为好胜心强,往往对自己的能力估计过高。

在教学中,应加强对学生的预防伤害和纪律教育并遵循循序渐进原则,同时加强保护和自我保护能力的培养。

二、女子的体育卫生

(一)女子的生理特点

在进入青春期之前,男女儿童的身体机能和运动能力基本相同。一旦进入青春期,由于内分泌和生殖系统的快速发育,男女之间开始出现明显的性别差异。这一时期,女性开始经历月经初潮,在身体形态、生理机能和心理特征等方面都经历着巨大的变化。因此,对于女性的体育教学和训练,必须考虑到她们的解剖生理特点,并提出相应的体育卫生要求。同时,还需要特别注意女性在月经期间的体育卫生问题。

(二)女子的一般体育卫生要求

在青春发育期后,男女少年的身体形态和生理机能逐渐出现明显差异,女少年开始经历月经来潮。因此,在进行体育教学和运动训练时,需要考虑到女性身体的解剖生理特点,针对性地制定体育卫生要求。应注意以下几方面的体育卫生要求。

(1)中学体育课程应该男女分班(或分组)进行教学。对于女生的教学内容和要求应该有所区别,女生的锻炼标准和运动成绩(如速度、起跳高度、负重等)要求相对较低,女生使用的运动器械也应该比男生轻一些。

(2)控制运动量和强度。女生的心血管和呼吸系统机能较差,因此,在安排体育教学或运动训练内容时,应考虑将运动量相对减少并将强度降低。

(3)注意肩部力量和保护。女生的肩部较窄,臂力较弱,对于悬垂、支撑和大幅度摆动动作的学习较吃力。在学习这些动作时,要循序渐进,并提供必要的保护。

(4)注重柔韧性和平衡能力。女生身体重心较低,平衡能力较强,柔韧性较好,适合进行平衡木和艺术体操等活动。在教学和训练中,要注重保持和发展她们的柔韧性,并有意识地加强肩带肌肉、腹肌、腰背肌肉和骨盆底肌肉的锻炼。

(5)避免进行过多的高处跳下练习。不宜进行过多的高处跳下练习,在进行高处跳下练习时,地面不应过硬,同时要注意落地姿势,以免对身体造成过大的冲击,影响盆腔脏器的位置和骨盆的正常发育。

(6)引导和激发积极性。根据青春发育期女生的心理特点,要注意引导和激发她们参与体育锻炼的积极性和自觉性。通过体育锻炼,发展她们的力量、速度和耐力等素质,提高她们的健康水平和运动成绩。

（三）女子月经期的体育卫生要求

月经是女性的正常生理现象，也是性成熟的标志。月经期间的女性可以适度参加体育活动，有助于改善盆腔的血液循环，减轻盆腔充血，并通过肌肉收缩或按摩帮助经血排出。在月经期进行体育运动时，需要注意以下几个方面。

（1）在月经期，特别是初潮的女少年，应适当减少运动量和缩短运动时间。月经期是女性身体调整和修复的时期，适度休息可以减轻身体的不适和疲劳感。

（2）在月经期避免过冷和过热的刺激，如避免冷水浴和暴露在阳光下过久等，尤其是要注意腹部的保暖，避免着凉。

（3）月经期不宜游泳，以免病菌侵入内生殖器，增加感染炎症的风险。

（4）月经期不宜从事剧烈运动，特别是那些会产生强烈震动和过大腹压的运动，如后蹬跑、高抬腿跑、跳跃、扣球、投篮动作和力量性练习等。这样的运动可能会导致子宫异位和经血量过多的问题。

（5）痛经和月经紊乱的女性，在月经期不宜进行体育活动，而应积极就医。

（四）女子妊娠产褥期的体育卫生要求

孕期和产褥期对于女性来说是一个特殊的生理周期，由于胎儿的生长发育，女性的整个身体系统都会发生相应的变化。重视孕期和产褥期的体育保健对于确保孕妇的健康和胎儿的正常发育非常重要。

1. 妊娠初期

孕妇在妊娠初期由于孕囊发育、自主神经系统功能不稳定、激素水平上升以及胎儿位置不固定等因素，不宜进行强度过大的体育锻炼。适当的体育活动可以提高机体的适应能力，缓解孕期焦虑和紧张，减轻不适症状，如呕吐等。建议孕妇在这个阶段进行适当的低强度有氧运动，如散步，这类运动可以促进血液循环、增强心肺功能，同时不会对孕妇和胎儿造成过度的负担。另外，孕妇需要特别注意不要过度劳累，因为过度劳累可能会导致子宫内膜出血，进而引发先兆流产。

2. 妊娠中期

在怀孕中期，妊娠反应减轻，胎儿位置稳定，流产风险降低，孕妇可以适度进行运动锻炼。在这个阶段，孕妇的体重和腹部压力增加，可以选择一些较为低强度的运动，如快走、慢跑、孕妇体操和孕妇瑜伽等。这些运动锻炼有助于拉伸骨盆韧带，促进顺产分娩，同时增强孕妇的体力和肌肉耐力。如果在怀孕的早期或中期出现过流产的情况，最好避免进行过量的运动锻炼。如果孕妇的腹部快速增大或出现其他不适症状，也需要谨慎选择运动方式。

3. 妊娠后期

进入孕晚期，胎儿已经基本成熟，孕妇的身形变大，行动变得不便，并容易疲劳。在这个阶段，孕妇可以根据个人情况选择一些简单的低强度运动，如散步或在垫子上进行一些轻度的运动。散步是一种非常适合孕妇的运动方式，可以促进血液循环、保持肌肉柔软，并改善情绪和睡眠质量。

4. 产褥期

无论是自然生产还是剖腹生产，产后都会伴随一些身体不适的情况，如骨盆腔肌肉松弛导致尿液控制力差、痔疮、骨盆腔内器官脱垂，以及下背部无力和性生活可能受到影响等。此外，腹部肌肉无力还可能导致身体姿势不正和下背疼痛，不当的上肢姿势也会引起头部和肩部的不适。为了预防或减轻产后造成的身体不适和功能失调，适当的运动是非常必要的。这些运动有助于恢复骨盆韧带排列、恢复腹部和骨盆肌肉群的功能，并使骨盆腔内器官回到正常位置。产褥期内适宜进行的运动应以幅度较小的有氧运动为主，例如有氧舞蹈、康复体操等，再逐渐增加运动量。刚开始时，运动的时间不要太长，可以从每天10 min开始，等身体适应后再慢慢增加到30 min。

（五）女子更年期的体育卫生

女性更年期是从性成熟到老年期的过渡时期，卵巢功能逐渐衰退至完全停止的阶段。通常在45～55岁，由于卵巢功能衰退，雌激素水平下降，女性会面临一系列生理和心理的变化。在更年期，女性容颜可能会加速衰老，更容易发胖；潮热、盗汗等血管舒缩症状也常见；泌尿生殖系统、骨骼和身体代谢机能等方面也会受到影响。除了生理上的变化，女性在更年期也容易出现心理问题，如抑郁和焦虑等；这一系列的症状称为更年期综合征。在更年期，女性适当进行运动对于缓解和改善更年期综合征、维持身体健康非常重要。以下是关于女性在更年期运动的建议。

（1）根据自身情况科学合理地选择锻炼内容。更年期锻炼的重要目的是促进精神愉悦。如果体质条件较好，可以选择一些运动量较大的项目，如跑步、武术等；如果体质较差，可以选择一些运动量较小的项目，如散步、气功等。经常久坐的人，应多做一些抬头、扩胸、伸腰、转腿等运动。

（2）体育锻炼要循序渐进，持之以恒。选定锻炼项目后，应积极开始锻炼。动作应从简单、容易的开始，逐渐提高运动的难度和强度，并逐步增加运动量。过程中要循序渐进，不能急于求成或一时兴起，而要持之以恒。间断锻炼对身体健康没有太大益处，甚至可能有害。

三、老年人的体育卫生

随着社会的发展和人民生活水平的提高，老年人口在人口总数中所占比例呈现增长趋势。在全球范围内，老龄化问题日益严重，我国也逐渐进入老龄化社会，且是世界上老年人口最多的国家。根据2021年5月11日发布的第七次全国人口普查公报，我国60岁及以上的人口约为2.64亿，约占总人口的18.7%，其中65岁及以上的人口约为1.906亿，约占总人口的13.5%。大量国内外的调查研究资料表明，体育锻炼对于延缓衰老、防病抗老和延年益寿具有积极的作用。现代医学将体育锻炼作为老年人防病抗老的重要手段之一，中老年人的体育锻炼和老年人的医疗体育已成为运动医学和康复医学的重要组成部分。在老年疾病的预防医学中，体育锻炼是备受关注的重点之一。

（一）体育锻炼对老年人身体健康的影响

1.体育锻炼对呼吸系统的影响

体育锻炼有利于保持老年人肺组织的弹性，提高呼吸肌的收缩能力，并增加胸廓的活动度，从而改善老年人肺部的通气和换气功能，提高吸氧能力，有助于促进全身内脏器官的新陈代谢。另外，老年人经常参加体育锻炼可以减缓肺及气管的退行性改变，预防鼻炎、咽炎、气管炎和肺炎等呼吸系统疾病的发生。

2.体育锻炼对心血管系统的影响

体育锻炼对老年人的心脏功能有着显著的提升作用。首先，体育锻炼可以增加冠状动脉的血流量，改善心肌的营养供应。体育锻炼通过提高心肌的兴奋性和增强心脏收缩力，能够增加心脏每搏输出量，提高心脏的泵血功能。其次，体育锻炼能够降低血液中的总胆固醇含量，尤其是降低低密度脂蛋白胆固醇的水平，并提高高密度脂蛋白胆固醇的含量，这有助于减少胆固醇在血管壁上的沉积，预防动脉硬化、高血压、冠心病、脑血栓、脑出血等心脑血管疾病的发生。最后，体育锻炼可以减缓血压随年龄增长而升高的趋势，有助于维持血压的稳定状态，保持正常的血压水平对心脏健康至关重要。

3.体育锻炼对运动系统的影响

体育锻炼对老年人的骨骼健康有积极的影响。首先，体育锻炼可以增强老年人骨骼的代谢过程，促使骨骼增粗并增厚骨皮质，从而预防骨脱钙和骨质疏松的发生，并降低骨折的风险。其次，体育锻炼可以防止脊柱、胸廓的变形和椎间盘的萎缩，增强关节的柔韧性、灵活性和稳定性，有效预防颈、肩、腰、膝等骨关节的退行性病变。最后，体育锻炼可以增加肌肉中的毛细血管数量，提供充足的血液，有利于肌肉纤维变粗，并增加储存氧气的肌红蛋白量，同时促进肌糖原的积累，这有助于预防肌肉萎缩，并增强肌肉力量。

4.体育锻炼对神经内分泌系统的影响

体育锻炼对老年人的血液循环和中枢神经系统有着显著的改善作用。首先，体育锻炼可以促进老年人的血液循环，改善脑细胞的营养代谢，有助于延缓中枢神经系统的衰老速度。体育锻炼可以提升大脑皮质神经细胞的兴奋性、均衡性和灵活性，缩短反应的潜伏期，改善各种分析器的功能，让老年人保持精力充沛、动作敏捷。体育锻炼也可以作为一种积极的休息方式，通过轮流激活和放松不同神经网络的神经元，缓解大脑疲劳和精神紧张，改善睡眠质量。其次，体育锻炼通过改善血液循环，增加脑供血，加快突触传递，从而延迟疲劳的出现。最后，体育锻炼能够推迟或延缓内分泌系统中各种腺体的衰老速度，通过调节内分泌系统的相对平衡，有效预防因中老年内分泌失调而引起的各种疾病。

5.体育锻炼对其他系统的影响

体育锻炼对老年人的消化系统和免疫力有着积极的影响。首先，体育锻炼可以加强老年人的消化系统功能。通过增强胃肠道的蠕动，改善血液循环，促进消化液的分泌，加速营养物质的吸收，提高消化系统的效率。体育锻炼还有助于增强肝脏的功能，从而促进消化和代谢的正常进行。其次，体育锻炼可以提高老年人的免疫力。适度的体育锻炼能够增加血液中的免疫细胞数量并提升免疫细胞的活性，从而提高身体的免疫力，有助于减少感冒以及感冒继发的扁桃体炎、咽炎、气管炎和肺炎等呼吸系统疾病的发生。

（二）老年人的体育卫生要求

针对老年人的解剖生理特点，在进行体育锻炼时，应注意以下几方面的体育卫生要求。

（1）老年人在参加体育锻炼前应接受全面的身体健康检查，以确定适合的运动项目和运动量。有条件的话，可以请医生开具运动处方，以确保锻炼的安全性和适宜性。

（2）老年人在进行体育锻炼时应量力而行，根据自身情况选择适当的运动量。运动量的增加要逐渐进行，增加速度不宜过快，并要注意适应阶段的存在。循序渐进和持之以恒的原则是非常重要的。

（3）老年人不宜参加速度性和力量性较强的运动项目。适合的运动项目应以提高心肺功能为主，例如散步、慢跑，还可以选择适合老年人的传统体育项目，如太极拳、气功等，广播操、游泳等活动也非常适合老年人参加。这些运动项目可以提高心肺功能，并改善神经系统和运动系统的功能。

（4）老年人在活动时要保持自然呼吸，动作要缓慢而有节奏。避免屏气和过度用力的动作，特别是对于有动脉硬化的老年人，更应该避免引起血压骤升的动作。另外，要尽量避免可能导致血液重新分配和影响脑部血液循环的身体前倾、后仰、低头和弯胸等动作。

（5）在活动中适当安排短暂休息时间，同时做好准备活动和整理活动。体育锻炼应该在轻松、愉快、活跃的氛围中进行。老年人不应过多参加比赛，因为比赛的紧张氛围易导致意外事故发生。

（6）老年人应加强自我医务监督。在进行体育锻炼时，要经常了解自己的脉搏频率、血压和其他健康状况，以进行自我监督。一般来说，适度的体育锻炼后应该感到心情舒畅，食欲和睡眠良好，晨脉稳定，血压正常。如果出现头痛、头晕、胸闷、心跳异常、食欲减退、睡眠不佳、明显疲劳和厌练等症状，说明运动量过大，应及时调整运动项目、运动量或暂停锻炼。

（7）如果感到身体不适、患有感冒或其他疾病，或者身体过度疲劳，老年人应该避免强行锻炼，应暂停运动，并及时进行治疗或休息。

根据美国运动医学会的推荐，老年人的运动强度阈值为最大心率的60%（相当于最大摄氧量的50%），适应心率范围为110～130次/min。建议老年人每周进行3次运动，每次持续20～30 min。老年人在运动时，也可以根据运动后的脉搏变化和恢复时间来调整运动量。一般来说，运动后的脉搏应该在110次/min以下。老年人的适宜运动量也可以根据公式“170-年龄”来掌握。例如,如果年龄为60岁,运动后的脉搏可达到110次/min;如果年龄为70岁,则不应超过100次/min。此外,在运动后的5～10 min内,脉搏恢复到安静状态的水平,说明运动量比较合适。这种脉搏变化反映了一般老年人在运动中身体氧需求量和消耗量之间的平衡,对于大多数老年人来说,这样的运动强度是适宜的。对于比较健康和有锻炼经验的老年人,可以使用公式“180-年龄”来掌握适宜的运动强度。

第四节　运动与营养卫生

人类为了维持生命必须从外界摄取食物，而合理的膳食搭配是维持机体生命活动和健康的物质基础。食物为人体提供无机盐、碳水化合物、脂肪、蛋白质、维生素、矿物质和水等营养物质。良好的营养供应对人体的生长发育、保持免疫系统的功能、维持健康体重以及提供足够的能量等都起到至关重要的作用。合理膳食指的是根据个体的生理和健康需求，选择多样化、均衡的食物，以确保摄取到各种必要的营养物质。

一、营养素

营养素是维持生命活动和促进健康至关重要的物质。它们具有提供能量、构成机体组织以及调节生理的作用，是人体正常代谢所必需的物质，缺乏或摄入不平衡的营养素会影响人体的健康状况。人体所需的营养素可以分为两大类：一是宏量营养素，包括蛋白质、脂肪和碳水化合物等，它们是提供能量的主要来源；二是微量营养素，包括矿物质和维生素等，虽然摄入量较少，但对于机体维持正常功能至关重要。

（一）蛋白质

蛋白质由碳、氢、氧、氮以及硫、磷等元素组成，是人体中唯一的氮元素供应源。蛋白质的基本组成单位是氨基酸。

1.蛋白质的营养功能

（1）供能作用。蛋白质作为能量的来源之一，在身体所需的能量无法通过葡萄糖和脂肪供应的情况下，可以利用氨基酸转变为葡萄糖和（或）乙酰辅酶A，进而起到氧化供能作用，每克蛋白质可以提供约4 kJ的能量。

（2）调节生理作用。蛋白质在机体内扮演着多种重要功能物质的角色，包括酶、激素、抗体等，还参与物质运输和肌肉运动等。酶作为生物催化剂，调节着生物化学反应。激素在代谢、生长、发育、免疫和生殖等方面发挥重要的调节作用，比如甲状腺素、胰岛素和生长激素等。抗体是免疫系统中不可或缺的组成部分，能够抵御病原体的入侵，其中，免疫球蛋白等蛋白质是抗体的主要组成部分。蛋白质还参与肌肉的收缩和运动，如肌动蛋白和肌球蛋白直接参与肌肉的活动。此外，血红蛋白负责运输氧气和二氧化碳，脂蛋白负责运输各种脂类物质。

(3)构成和维持人体组织。人体内的蛋白质含量约占体重的16.3%,即体重60 kg者约有10 kg蛋白质。食物中的蛋白质被人体吸收后,主要用于合成新的组织,维持组织蛋白质分解代谢与合成代谢的动态平衡。因此,婴幼儿、青少年、孕妇、乳母、处于愈病阶段或消耗性疾病患者以及特殊人群等,对蛋白质的需要量高于健康成年人。

2.评估食物蛋白质的营养价值

评估食物蛋白质的营养价值可以从四个方面考量,即蛋白质含量、蛋白质消化率、氨基酸评分,以及蛋白质生物价。

(1)蛋白质含量:不同食物中所含的蛋白质成分各异,其营养价值也有所不同。完全蛋白质所含必需氨基酸种类齐全、数量充足、比例适当,非必需氨基酸组成合理,营养价值较高。半完全蛋白质所含必需氨基酸种类齐全,但有的数量不足,比例不当;可维持生命,但不能促进生长发育。不完全蛋白质所含必需氨基酸种类不全,既不能维持生命,又不能促进生长发育,营养价值低。

(2)蛋白质消化率:在消化道内被吸收的蛋白质占摄入蛋白质的百分比,是反映食物蛋白质在消化道内被分解和吸收程度的指标。蛋白质消化率越高,机体吸收的量就越多,其营养价值也越高。

(3)氨基酸评分:将待测蛋白质的必需氨基酸含量与参考蛋白质的必需氨基酸模式进行逐一比较,评分的结果可以用百分数表示。评估食物蛋白质的营养价值时,应该根据8种必需氨基酸的占比逐一进行评分,并进行综合评价。

(4)蛋白质生物价:是反映食物蛋白质在被消化和吸收后,在机体内被有效利用程度的指标。蛋白质的生物价越高,其营养价值也越高。蛋白质的生物价取决于蛋白质中氨基酸的组成模式。当蛋白质的氨基酸组成与人体需求接近时,其生物价较高;相反,则较低。

3.蛋白质的供给量、需要量和来源

(1)蛋白质的供给量。机体的蛋白质代谢(合成与分解)处于动态平衡状态,摄入氮和排出氮也处于动态平衡状态,这种摄入氮和排出氮的平衡关系称为氮平衡。氮平衡是研究蛋白质代谢和反映蛋白质营养的重要指标。机体在完全不摄入蛋白质的情况下,体内蛋白质仍然在分解和合成,此时处于负氮平衡状态。当负氮平衡状态持续一段时间后,氮的排出将维持在一个较为恒定的低水平。此时,机体主要是通过粪便、尿液以及皮肤、毛发等途径排出不可避免的氮。一般成年人,按每千克体重计算,从尿液中排出氮37 mg左右,从粪便中排出12 mg左右,从皮肤排出3 mg左右;从其他

途径排出：男性约为2 mg，女性约为3 mg。因此，每日每千克体重损失的总氮量男女分别为54 mg和55 mg。一个体重为60 kg的成年男人，每日共计损失氮3240 mg，相当于20.3 g蛋白质。

成年人组织蛋白质的更新量每日约为400 g。大部分用于合成新的组织蛋白质，仅有小部分进一步分解成尿素或其他代谢产物排出体外。如前所述，即使膳食中完全不含蛋白质，一个体重为60 kg的成年男子，每日仍会不可避免损失的氮相当于约20.3 g蛋白质，因此，要想维持成年人的氮平衡，每日至少应从膳食中摄入优质蛋白质20 g以上。

（2）蛋白质的需要量。2023年版《中国居民膳食营养素参考摄入量》指出，对于65岁以下的成年人，推荐男性每日摄入65 g，女性每日摄入55 g蛋白质。世界卫生组织（WHO）和联合国粮食及农业组织（FAO）提出成人蛋白质需要量为每日每千克体重0.75 g[这是对完全蛋白质（优质蛋白质）而言的]。

（3）蛋白质的来源。肉类、鱼类、蛋类、乳类、谷物类及豆制品是蛋白质的主要来源，它们通常含有较高的蛋白质。例如，奶粉含有15%～25%的蛋白质；蛋类含有12%～14%的蛋白质；某些干豆类食物含有40%左右的蛋白质，如大豆；而谷物类通常含有6%～10%的蛋白质。尽管谷物类的蛋白质含量较低，但由于人们通常摄入的量较多，谷物仍然是人体蛋白质的主要来源之一。肉、蛋、乳类食物含有的氨基酸能充分满足机体需要，属于优质蛋白质，也可制成多种食品与粮食混合食用，从而更好地发挥蛋白质的互补作用。我国营养学会建议，优质蛋白质（动物蛋白质+植物蛋白质）应占总蛋白质摄入量的30%～50%。

（二）脂肪

脂肪是由碳、氢和氧这三种元素组成的化合物。以甘油三酯的形式存在，由1分子甘油和3分子脂肪酸组成，因此也被称为中性脂肪。脂肪酸是构成脂肪的基本部分，包括饱和脂肪酸和不饱和脂肪酸。其中，少数的不饱和脂肪酸是必需脂肪酸（essential fatty acid，EFA），因为它们在人体内无法自行合成（或合成不足），必须从食物中获取，如亚油酸。

1.脂肪的营养功能

（1）体内脂肪的生理功能。

①储存和提供能量。体内脂肪是非常重要的“能量调节池”，即机体在能量摄入超过能量需求时，可将多余的能量以甘油三酯的形式储存在脂肪组织中；当食物短缺

导致摄入能量不能满足机体需求时，机体便会将储存的脂肪代谢产生能量。

②保温和保护内脏器官。皮下脂肪具有保温和维持体温的作用。内脏周围的脂肪组织对器官具有保护作用，可减轻外力对内脏器官的伤害，以及减少器官间的摩擦。

③内分泌作用。人体内的脂肪主要以甘油三酯的形式储存在脂肪组织中，脂肪组织同样是人体不可缺少的部分，具有重要的内分泌功能。脂肪组织可分泌抵抗素、瘦素、脂联素、肿瘤坏死因子、白介素-6、纤溶酶原激活物抑制物-1、血管紧张素Ⅱ等，这些脂肪因子参与机体的代谢、免疫和生长发育等过程。另外，脂肪分解产生的游离脂肪酸可干扰胰岛素的分泌。脂肪细胞对脂肪的储存量至今未发现上限，所以人体可不断将摄入的过多能量转化成脂肪储存起来，导致脂肪组织不断增加，最终失去与正常体重之间的比例，表现出超重和肥胖。

④其他作用。细胞膜等生物膜的结构基础是“磷脂双分子层”，含有大量脂肪酸，是细胞维持正常结构和功能的基础。

（2）食物中脂肪的作用。

①提供能量。食物中的脂肪是膳食能量的重要组成部分，膳食中20%~30%的能量由脂肪提供，发达国家和地区居民膳食中脂肪的比例更高。1 g膳食脂肪在体内氧化大约产生37.7 kJ（9.0 kcal）的能量。能量密度指每克食物所含的能量，故食物中脂肪含量越高，能量密度越高。

②增加饱腹感。膳食中的脂肪进入消化道后，可刺激十二指肠产生肠抑胃素，让胃的蠕动减缓，使食物由胃进入十二指肠的速度相对减慢，延长了食物在胃中的停留时间，即胃内容物排空时间延长，因而具有饱腹感。

③改善食物的感官品质。油脂在食品加工和烹调过程中可作为重要的原辅料，可改善食品的色、香、味、形，促进食欲。

④脂肪可作为脂溶性维生素的溶剂，例如，植物油中通常含有丰富的维生素E，鱼肝油中含有丰富的维生素A和维生素D。膳食脂肪能促进脂溶性维生素及其他脂溶性活性成分在肠道被吸收，如维生素A、维生素D、维生素E和维生素K、β-胡萝卜素等。

⑤提供必需脂肪酸。脂肪所含的脂肪酸中，有一些对人体健康至关重要，缺乏后对人体健康产生影响，如亚油酸和α-亚麻酸，这两种脂肪酸是必需脂肪酸，人体自身不能合成，只能由膳食脂肪提供。

2.食用脂肪的营养价值评定

评估食用脂肪的营养价值时需要考虑以下指标:消化率,脂肪酸种类和含量,以及脂溶性维生素含量。(1)消化率。脂肪的消化率与其熔点相关。含有较多不饱和脂肪酸的脂肪具有较低的熔点,因此其消化率较高。(2)脂肪酸种类和含量。脂肪中若含有足够的必需脂肪酸则具有较高的营养价值。一般来说,植物油中的不饱和脂肪酸含量高于动物脂肪。(3)脂溶性维生素含量。脂肪中富含的脂溶性维生素越多,其营养价值也越高。动物贮存的脂肪几乎不含维生素,而肝脏脂肪中富含维生素A和维生素D(尤其是海产鱼)。奶类和蛋类脂肪中也含有一定量的维生素A和维生素D。植物油中富含维生素E,尤其是谷胚油。

3.脂肪的摄入量与来源

(1)脂肪的摄入量。美国有专家认为,高脂肪膳食会导致能量摄入增加,继而提高患肥胖和冠心病的风险。但脂肪摄入不足,可能影响必需脂肪酸的供应,以及脂溶性维生素的吸收,因此建议成年人膳食脂肪适宜的摄入量为总能量的20%~35%。中国人以植物性食物为主,总能量摄入量远低于西方。中国营养学会并不支持膳食脂肪的摄入量与总能量的占比提高至35%,因此,在2023年发布的《中国居民膳食营养素参考摄入量》中,65岁以下成年人的脂肪适宜摄入量为总能量的20%~30%,儿童少年、孕妇和乳母以及老年人脂肪的推荐摄入量均与成年人一致。

婴儿处于快速的生长发育期,为满足生长发育的需要,同时也为了适应婴儿的肠道功能和渗透压的需求,婴儿膳食(母乳)中脂肪的供能比较高,我国推荐0~6个月龄婴儿脂肪的适宜摄入量为总能量的48%。

膳食脂肪不仅是能量的主要来源之一,同时也是必需脂肪酸及其他重要脂肪酸的主要来源,为了保证必需脂肪酸及其他重要脂肪酸在膳食中的比例,我国推荐成年人亚油酸的适宜摄入量为总能量的4%,可接受的摄入量范围是总能量的2.5%~9%,婴儿膳食中脂肪的供能比较高,推荐亚油酸的适宜摄入量占总能量的7.8%(0~6月龄)或6.0%(7~12月龄)。

(2)脂肪的来源。以大豆、花生、油菜籽、葵花籽等为原料,精炼的植物油是中国居民常用的食用油,其中大豆油、菜籽油和花生油是中国居民消费量前三的食用油。动物脂肪组织中也含有甘油三酯,是食物中不可分割的一部分。通常红肉的脂肪含量高于禽肉,禽肉的脂肪含量高于鱼肉;猪肉的脂肪含量高于牛羊肉。经估算,2022年我国食用油人均消费量达到26.6 kg。

（三）碳水化合物

碳水化合物是糖类的总称，由碳、氢、氧三种元素组成。根据分子结构的复杂程度，可以分为单糖（如葡萄糖、半乳糖、果糖）、寡糖（也叫低聚糖，如蔗糖、麦芽糖、乳糖）和多糖（如淀粉糖原、纤维素和果胶）。碳水化合物广泛存在于自然界，特别是植物界，是绿色植物光合作用的产物，也是数量最多的一类有机化合物。碳水化合物占植物体干重的50%～80%，植物是能够持续提供碳水化合物的储存库。动物体内碳水化合物的含量小于2%，人体内约含1%，生命活动所需能量主要来源于碳水化合物，绝大多数非光合生物通过氧化碳水化合物获得生命活动所需的能量。人体血糖主要来源于食物中碳水化合物的分解，空腹时则来自体内糖原的分解和糖异生作用。

1.碳水化合物的营养功能

（1）提供能量。碳水化合物是一种最主要、最重要、最直接的能量来源，人体内的碳水化合物含量虽然不多，但人体所需能量的55%～65%来源于碳水化合物，碳水化合物主要以葡萄糖的形式被人体吸收，葡萄糖在体内能较快地氧化供能，满足机体对能量的需要。碳水化合物是脑组织、周围神经组织、红细胞、心肌细胞等的唯一能源，每克碳水化合物在体内氧化约产生17 kJ（4 kcal）的能量。因此，摄入充足的碳水化合物对维持机体正常的生理功能具有重要意义。

（2）维持中枢神经系统功能。碳水化合物是大脑唯一的能量来源，对于维持中枢神经系统的正常生理功能至关重要。大脑组织本身没有能量储备，完全依赖于血糖供应，每天大脑需要100～120 g的碳水化合物来维持正常功能。当血糖浓度降至正常水平以下时，由于供能物质不足，人体可能出现头晕、抽搐、昏厥等低血糖症状。

（3）构成机体组织和生物活性物质。碳水化合物是机体的重要组成部分，主要以糖脂、糖蛋白、蛋白多糖的形式存在并参与细胞的多种活动。比如，在神经组织与细胞膜中存在的糖脂；参与细胞识别和分子识别的糖蛋白；存在于软骨、腱等结缔组织和各种腺体分泌的黏液中，构成组织间质、润滑剂、防护剂等的蛋白多糖。此外，碳水化合物也参与了抗体、酶、激素、核酸的合成。

（4）节约蛋白质。当蛋白质被氧化供能时，组织蛋白的合成减少，使蛋白质不能发挥更重要的功能。但如果碳水化合物提供充足的能量，则可以节约蛋白质的消耗，有利于维持体内的氮平衡。机体需要的能量主要由碳水化合物提供，当膳食中碳水化合物供应不足时，机体为了满足自身需要，通过糖异生作用动用蛋白质生成葡萄糖。

（5）保肝解毒功能。碳水化合物充足时能增加肝糖原的储备量，保证碳水化合物的供给，可以维护和加强肝脏功能。同时，葡糖醛酸能与许多物质如细菌素、酒精、砷等结合并排出体外，起到为肝脏解毒的功能。

（6）抗生酮。当碳水化合物摄入不足时，如饥饿或节食期间，机体的碳水化合物供应会不足，为了满足机体对能量的需求，脂肪氧化就会增加。此时脂肪代谢将不完全，会产生大量的酮体，如丙酮、乙酰乙酸和β-羟丁酸。当血液中的酮体浓度超过机体的代谢能力时，会导致血液酸化，引发代谢性酮症酸中毒。因此，摄入充足的碳水化合物有助于预防代谢性酮症酸中毒。

（7）维持心肌和骨骼肌的正常功能。当机体缺少碳水化合物时，心脏和骨骼肌的工作能力会下降。骨骼肌缺乏糖原储备会导致耐力不足，而心肌缺乏碳水化合物可能引发心律失常。因此，摄入足量的碳水化合物对维持心肌和骨骼肌的正常功能十分重要。

（8）低聚糖。碳水化合物的低聚糖作用主要包括：①促进肠道益生菌增殖。低聚糖是肠道益生菌的良好培养基，有利于双歧杆菌和其他有益菌的繁殖，同时代谢产生的有机酸可降低肠内pH值，抑制肠内腐败菌的生长。②稳定血糖。低聚糖不被人体消化吸收，不会使血糖升高，适合糖尿病患者食用。③预防龋齿。龋齿由口腔中突变链球菌等微生物侵蚀引起，低聚糖不是这类细菌的培养基，也没有凝结菌体作用，因此可以预防龋齿。④低聚糖类似水溶性膳食纤维，具有改善血脂的功效。低聚糖主要存在于人乳、大豆及淀粉的酶水解物中。

2. 碳水化合物的摄入量和来源

（1）碳水化合物的摄入量。2023年发布的《中国居民膳食营养素摄入量》指出，1岁以上的健康人群，每日碳水化合物的供能比应为50%～65%。具体比例取决于个体的饮食习惯、生活水平和劳动强度。此外，考虑到体内糖原消耗和脑组织的需求，建议1岁以上人群每天摄入的碳水化合物的最低量为120 g。15～18岁青少年的碳水化合物的最低需求量为150 g。添加糖（纯糖或精制糖）的供能比例应小于10%，并且每日摄入量不应超过50 g。

（2）碳水化合物的来源。碳水化合物广泛存在于多种食物中，以下是一些常见的碳水化合物食物来源。①谷物类：包括大米饭、面条、面包、麦片、小米、玉米等，这类食物中碳水化合物含量较高，主要以淀粉形式存在。②蔬菜和水果：蔬菜和水果中含有一定量的碳水化合物，主要以膳食纤维和天然果糖的形式存在，例如马铃薯、胡萝卜、番茄、苹果、橙子等。③豆类和豆制品：大豆、红豆、绿豆、黄豆等都是富含碳水化合物的食物；豆制品如豆腐、豆浆等也含有一定量的碳水化合物。④坚果：杏仁、核桃、花生、葵花籽等富含蛋白质和脂肪，同时也含有少量的碳水化合物。⑤乳制品：纯牛奶、酸奶、奶酪等乳制品中含有乳糖，是一种简单的碳水化合物。

(四)维生素

维生素是一种特殊的营养素，尽管人体所需量相对较小，但对人体的正常生理活动至关重要。维生素不足会导致代谢紊乱，并出现一系列症状，影响身体的劳动效率和免疫力。由于人体无法合成维生素或合成不足，因此人体必须通过食物来获取维生素。维生素的种类非常多，它们存在于各种食物中，但在储存和烹饪过程中容易流失。因此，合理多样的饮食结构和科学的食物处理方法对于获得足量的维生素非常重要。保持均衡的饮食结构和膳食多样化可以帮助人体充分摄取各种维生素，从而维持身体正常运作和健康状态。

1.维生素A的生理功能

维生素A在人体中扮演着重要的角色，具有以下生理功能：(1)视觉功能。维生素A是视觉传导过程中不可或缺的成分，它参与形成视网膜中的视紫红质，维持良好的暗光视觉功能。(2)细胞分化和增殖。维生素A调节细胞分化和增殖过程，对于维护正常的细胞结构和组织功能至关重要。(3)免疫系统支持。维生素A有助于支持免疫系统的正常功能，并参与抵抗感染和炎症反应。(4)抗氧化作用。作为一种抗氧化剂，维生素A可以帮助中和自由基，保护细胞和组织免受氧化损伤。

维生素A主要存在于肝脏、鱼肝油、黄色或橙色水果和蔬菜、绿叶蔬菜、乳制品、鸡蛋、山药和红薯等多种食物中。

2.维生素B_1的生理功能

维生素B_1也称为硫胺素，具有多种生理功能，包括以下几个方面：(1)碳水化合物代谢。维生素B_1是辅酶硫胺素的重要成分，参与碳水化合物的代谢过程。它在糖原的分解和能量释放的过程中起着关键的作用。(2)消化系统功能。维生素B_1有助于促进胃肠道的正常运作。它参与胃酸的产生和食物消化过程，维持肠道黏膜的正常。

维生素B_1广泛存在于许多食物中，如全谷物、瘦肉、坚果和酵母等。

3.维生素C的生理功能

维生素C也称为抗坏血酸，具有多种重要的生理功能，包括以下几个方面：(1)抗氧化作用。维生素C是一种强效的抗氧化剂，可以中和自由基并减少氧化损伤，有助于保护细胞和组织免受自由基引起的氧化应激，起到抗衰老作用。(2)免疫系统支持。维生素C有助于促进抗体的产生，提高机体对病原体的抵抗能力。(3)促进铁和钙的吸收。维生素C可以将难以吸收利用的三价铁还原成二价铁，提高肝脏对铁的利用率，有助于治疗缺铁性贫血；维生素C也可以促进钙的吸收，在胃中形成一种酸性介质，防止不溶性钙络合物的生成、产生沉淀。(4)促进胶原蛋白的合成。维生素C在体内作为羟化过程底物和酶的辅助因子，对于合成细胞间质胶原蛋白的重要成分羟脯氨酸和羟赖氨酸起着关键作用。当体内维生素C不足时，脯氨酸和赖氨酸的羟基化过程不能正常进行，影响胶原蛋白的合成，延缓创伤愈合速度，毛细血管壁脆性增加，引起不同程度出血。

维生素C广泛存在于多种食物中，如柑橘、葡萄、绿叶蔬菜、番茄、马铃薯等。

4.维生素D的生理功能

维生素D具有多种重要的生理功能，包括以下几个方面：(1)调节钙和磷的吸收与代谢。维生素D可与肠黏膜细胞中的特异受体结合后激活基因转录，促进肠黏膜上皮细胞合成钙结合蛋白，对肠腔中的钙离子有较强的亲和力，促进钙通过黏膜的转运过程。此外，维生素D也能激发肠道对磷的转运，促进肠对磷的吸收。(2)当血液中的钙水平下降时，为了防止低血钙抽搐，维生素D与甲状旁腺素协同作用使未成熟的破骨细胞前体转变为成熟的破骨细胞，使旧骨中的骨盐溶解，钙和磷转运到血液中，提高血钙和血磷的浓度。(3)促进肾脏重吸收钙和磷。维生素D、降钙素和甲状旁腺素协同调节远端肾小管，由肾脏回收尿液中1%的钙，尽管从尿液中回收的钙量微乎其微，但对维持钙稳态至关重要。(4)免疫调节。维生素D可通过调节免疫细胞的增殖、分化，炎症因子及免疫球蛋白的表达，从而起到免疫调节作用。

维生素D的主要来源包括鱼肉、鱼肝油、蛋黄、奶制品和谷物等食物。此外，人体能够通过晒太阳合成维生素D，因此适量的日光暴露也是人体获得维生素D的一种方式。不过，实际情况可能因个体差异以及季节、地理位置和日照时间等因素的不同而有所不同。

5.维生素B_2的生理功能

维生素B_2也称为核黄素，具有多种重要的生理功能，包括以下几个方面：(1)参与能量代谢。维生素B_2主要以黄素单核苷酸和黄素腺嘌呤二核苷酸的形式参与氧化还原反应，起到递氢作用，与特定蛋白形成黄素蛋白(许多酶系统中重要辅酶的组成成分)，通过呼吸链参与体内氧化还原反应与能量代谢。这些重要辅酶在氨基酸的氧化脱氨基中嘌呤核苷酸的代谢中起着重要作用,从而维持蛋白质、脂肪和碳水化合物的正常代谢,起到促进生长发育、维护皮肤和黏膜的完整等作用。如果体内的维生素 B_2 不足,易出现生长发育和物质代谢障碍。(2)抗氧化作用。黄素腺嘌呤二核苷酸作为谷胱甘肽还原酶的辅酶,参与体内抗氧化防御作用。

维生素 B_2 广泛存在于多种食物中,如肉类、鱼类、蛋类、乳制品、蔬菜和谷物等。

6. 维生素 B_6 的生理功能

维生素 B_6 主要包括吡哆醛、吡哆胺和吡哆醇,是水溶性维生素,具有重要的生理功能,包括以下几个方面:(1)参与氨基酸代谢。维生素 B_6 通过帮助合成氨基酸与蛋白质(转氨基作用)而在蛋白质合成过程中起到重要作用,还通过参与氨基酸与蛋白质的分解代谢过程从而影响蛋白质的分解代谢。(2)参与糖原与脂肪酸代谢。维生素 B_6 是糖原磷酸化反应中磷酸化酶的辅助因子,催化肌肉与肝脏组织中的糖原转化。维生素 B_6 还参与亚油酸合成花生四烯酸过程,并参与胆固醇的合成与转运过程。(3)参与某些微量元素的转化与吸收的过程。色氨酸转化成烟酸的过程会受维生素 B_6 的影响,因磷酸吡哆醛参与该过程的酶促反应,当肝脏中磷酸吡哆醛水平低时,会影响烟酸的合成。另外,维生素 B_6 还可促进人体对维生素 B_{12}、铁和锌的吸收等。(4)其他作用。维生素 B_6 参与造血,以磷酸吡哆醛的形式参与琥珀酰 CoA 和甘氨酸合成血红素的过程,维生素 B_6 缺乏可能造成巨幼红细胞贫血;维生素 B_6 也可以促进体内抗体的合成,提高机体免疫力。

富含维生素 B_6 的食物包括肉类、鱼类、坚果、谷物和部分蔬菜等。

7. 维生素 B_{12} 的生理功能

维生素 B_{12} 也被称为氰钴胺素、钴胺素,是一种水溶性维生素,具有重要的生理功能,包括以下几个方面:(1)参与红细胞形成。维生素 B_{12} 在骨髓中参与红细胞的形成过程,从而维持红细胞的生命周期和血红蛋白的合成。(2)维持神经系统功能。维生素 B_{12} 参与神经细胞的保护和修复过程,维持神经传导和脑功能正常。缺乏维生素 B_{12} 可能导致神经系统问题,如一系列神经病变、记忆力减退和认知功能下降。(3)维持正常造血功能。维生素 B_{12} 参与 DNA 的合成,从而对体内红细胞的发育和成熟起到促进作用,维持人体造血功能处于正常状态。

维生素 B_{12} 主要存在于动物性食物中,如肉类、鱼类、乳制品、禽类和蛋类。植物性食物很少含有维生素 B_{12},因此严格的纯素食者需要通过膳食补充物来获取足够的维生素 B_{12}。

8.维生素E的生理功能

维生素E又称生育酚，是一种脂溶性维生素，具有多种重要的生理功能，包括以下几个方面：(1)抗氧化作用。维生素E是一种强效的抗氧化剂，能够中和自由基，保护细胞膜和细胞内的脂质免受氧化损伤。有助于预防细胞氧化应激和降低由自由基引起的细胞损伤，对于维护细胞的健康和防止氧化性疾病的发生具有重要作用。(2)维持生育功能。维生素E能使促性腺激素分泌增加，促进精子生成并提高精子活力，促进卵泡生长。

维生素E主要存在于植物油、坚果、全麦谷物和绿叶蔬菜中。

(五)矿物质

矿物质对于人体维持正常生理功能至关重要，尽管人体对其需求量相对较少。矿物质元素是构成骨骼和牙齿的重要成分，如钙、磷、镁等。同时也是维持机体酸碱平衡和正常渗透压的必要元素。一些特殊的生理物质(如血红蛋白、甲状腺素等)在合成过程中需要铁、碘等矿物质元素的参与。人体内共含有60多种矿物质元素，其中有20多种是人体所必需的，而且必须从食物当中摄取，被称为必需矿物元素。这些元素可分为两大类：①在人体内含量大于体重0.01%的元素，属于常量元素；②含量小于0.01%的元素，属于微量元素。

1.钙的生理功能

钙是人体中最丰富的矿物质元素之一，有多种重要的生理功能。包括以下几个方面：(1)保持骨骼和牙齿健康。钙是骨骼和牙齿的重要成分之一。对于儿童来说，足够的矿物质摄入和适量的负重运动对于骨骼的形成和矿化至关重要。骨骼通过成骨作用和溶骨作用来维持钙与血液之间的平衡，这一过程被称为骨重建。骨钙更新的速率随年龄而有所变化。婴儿每年的骨钙更新率为100%，但随后逐渐下降，每两年更新一次；成长期的儿童每年更新约10%；健康的年轻成人骨吸收与形成保持平衡，大约每年更新5%；而在40岁之后，骨的形成明显减弱，每年更新速率降低到0.7%。所以，骨骼既有明显的支柱作用，又是钙的储存库。牙本质是牙齿的重要组成部分，化学成分与骨骼相似，但其组织结构与骨骼有很大差异。牙本质中没有细胞、血管、神经，因此牙齿中的矿物质并没有像骨骼一样有更新转换的过程。(2)参与调节神经肌肉的兴奋性，以及肌肉和细胞内微丝、微管的收缩。钙离子对神经肌肉的兴奋性起着调节作用，当血液中的钙离子浓度低于正常范围时(通常是45～55 mg/L)，神经肌肉的兴奋性增强，可能出现手足抽搐等症状。而当血液中的钙离子浓度过高时，会影响肌肉的收缩功能，引起心脏和呼吸衰竭。(3)作为细胞内的第二信使，钙离子在细胞内发挥重要的调节作用，它直接参与调节脂肪酶、ATP酶等酶的活性，促进多种酶的代谢过程和细胞内的生命活动。(4)钙离子与细胞的吞噬、分泌和分裂等活动密切相关。(5)钙离子是血液凝固过程所必需的凝血因子，可以促使可溶性纤维蛋白原转变为纤维蛋白，参与血液凝固。钙离子能发挥调节作用与它是和特定蛋白质的结合密切相关，这些特定蛋白质包括钙调蛋白、肌钙蛋白、钙视网膜蛋白和钙结合蛋白等。

2.钾的生理功能

钾离子作为人体内一种重要的阳离子，参与复杂而多样的生理生化过程。钾的生理功能主要有以下几个方面：(1)当葡萄糖和氨基酸进入细胞合成糖原和蛋白质时，需要适量的钾离子参与。每合成1 g糖原约需24 mg钾，每合成1 g蛋白质需要12 mg钾。此外，在三磷酸腺苷的合成过程中，钾也扮演着重要角色。如果钾缺乏，将影响碳水化合物和蛋白质的代谢。(2)维持细胞内正常渗透压。由于钾主要存在于细胞内并且是细胞内的主要阳离子，在调节细胞内渗透压方面起着重要作用。(3)维持神经肌肉的应激性和正常功能。细胞内的钾离子在与细胞外的钠离子相互作用时，可以激活Na^+-K^+-ATP酶，产生能量，以维持细胞内外钾、钠离子的浓度梯度。这种浓度梯度是维持细胞膜电位的基础，使细胞具备电信号传递的能力。当细胞膜去极化时，在轴突上会产生动作电位，让肌肉纤维收缩并引起突触释放神经递质。当血液中的钾降低时，细胞膜电位会升高，导致细胞膜过度去极化，应激性降低，可能引发松弛性瘫痪。而当血钾过高时，细胞膜电位可能下降，细胞无法复极，最终导致应激性丧失，可能引起肌肉麻痹。(4)维持心肌的正常功能。心肌细胞内外的钾离子浓度与心肌的自律性、传导性和兴奋性密切相关。当钾离子缺乏时，心肌的兴奋性会增强；而当钾离子浓度过高时，会抑制心肌的自律性、传导性和兴奋性。在心肌收缩期，钾离子会从细胞内溢出与肌动蛋白、肌球蛋白和ATP结合，而在舒张期则会内移回细胞内。缺乏钾或钾过多都可能导致心脏功能严重受损。(5)维持细胞内外正常的酸碱平衡和电解质平衡。当细胞内缺乏钾时，细胞外液中的钠离子和氢离子会进入细胞内，导致酸中毒；同时细胞外液中的碱性物质增加，引起碱中毒。当细胞外液中的钾离子内移时，氢离子则会外移，从而导致细胞内发生碱中毒；同时细胞外液中的酸性物质增加，引起酸中毒。(6)降低血压。体内补充钾可以抑制肾素-血管紧张素系统和交感神经系统的活性，从而改善压力感受器的功能，并影响周围血管的阻力等。

3.钠的生理功能

钠离子是维持正常生理功能的重要离子，对维持细胞功能和内环境稳定至关重要。钠离子在体内的生理功能主要有以下几个方面：(1)维持正常渗透压和调节体内水平衡。钠离子是细胞外液中的主要阳离子，占细胞外液阳离子总量的90%左右，并与阴离子一起构成细胞外液的渗透压，占总渗透压的90%左右。钠离子在调节和维持细胞外液的渗透压以及体内水量恒定方面起着至关重要的作用。当体内钠离子含量增加时，水会进入细胞内部，导致细胞肿胀和组织水肿；当钠离子含量降低时，体内水量减少。细胞外液中钠离子含量的降低会使水进入细胞内部，稀释细胞内的钾离子浓度，并导致细胞外液容量下降，这些变化可能会导致血压下降。因此，钠离子的调节对于体内水平衡和内环境的稳定起着核心作用。(2)维持酸碱平衡。在肾小管的重吸收过程中，钠离子与氢离子发生交换作用，从而帮助清除体内的酸性代谢产物，例如二氧化碳，以维持体液的酸碱平衡。钠离子的总量会影响到体内缓冲系统中碳酸氢盐的含量，从而对体液的酸碱平衡起着重要的调节作用。(3)参与多种代谢过程。钠、钾离子通过Na^+-K^+-ATP酶的主动转运机制，将钠离子从细胞内排出，以维持细胞内外液体的渗透压平衡。钠离子在多个生理过程中起着重要作用，包括ATP的生成和利用、肌肉运动、心血管功能和能量代谢等，当体内钠离子不足时，这些功能可能会受到影响。此外，钠离子也参与糖代谢和氧的利用等过程。(4)增强神经肌肉兴奋性。维持钠、钾、钙、镁等离子的浓度平衡对于确保神经肌肉的应激性是必不可少的。充足的钠离子在体内可以增强神经肌肉的兴奋性，从而促进正常的神经传导和肌肉收缩。(5)维持正常血压。研究表明，当人体每天摄入2300 mg的钠时，会导致血压升高约0.267 kPa(2 mmHg)。为了预防高血压，世界卫生组织建议每天的钠摄入量应控制在小于2.3 g的范围内，相当于约6 g的食盐。这一推荐旨在限制钠的摄入，保护心血管健康和降低患高血压的风险。

4.镁的生理功能

镁离子在人体中扮演着多种重要的生理角色，主要有以下几个方面：(1)激活多种酶。镁离子是多种酶促反应的激活剂，参与了超过300种酶促反应。镁离子与细胞内的重要成分(如三磷酸腺苷等)形成复合物来激活酶，或直接作为酶的激活剂来活化酶。镁离子能够激活磷酸转移酶和水解肽酶系的活性，对葡萄糖酵解，脂肪、蛋白质和核酸的生物合成起着重要的调节作用。此外，镁离子还是氧化磷酸化的重要辅助因子，与能量代谢密切相关。镁能够激活腺苷酸环化酶的活性，促进细胞内的环磷酸腺苷(cAMP)生成,引起血管扩张。此外,镁还可以降低 Na^+-K^+-ATP 酶的活性,让跨膜钾离子浓度梯度降低,使心肌细胞膜的静息电位负值减小,导致心肌兴奋性增强,甚至可能引发心律失常。因此,维持细胞内适当的镁离子浓度非常重要。(2)调节心肌细胞的功能。胞质游离镁离子在调节心肌细胞功能中扮演着重要角色,被视为心血管系统的保护因子。(3)参与构成骨骼和牙齿。镁、钙、磷是骨骼和牙齿的组成成分,镁和钙之间既有协同作用又有拮抗作用,当钙摄入不足时,适量的镁可以部分代替钙的功能。然而,当镁摄入过多时,反而可能阻止骨骼的正常钙化过程。因此,维持镁、钙和磷的平衡对于骨骼的健康至关重要。(4)维持神经肌肉系统的功能。镁和钙在神经肌肉系统中具有相似的兴奋和抑制作用。血液中的镁或钙过低,会导致神经肌肉的兴奋性增强,反之则具有抑制作用。然而,镁和钙又存在着拮抗作用,钙可以拮抗由镁引起的中枢神经和肌肉接点传导阻滞。镁在骨骼肌和平滑肌的收缩中发挥重要作用,镁耗竭可能引起肌肉痉挛、高血压以及冠状动脉和脑血管的痉挛。因此,适当的镁和钙水平对于维持神经肌肉系统的正常功能和健康至关重要。(5)维护胃肠道功能。当低渗硫酸镁溶液经过十二指肠时,能够使奥狄括约肌放松,从而促进胆汁排出。碱性镁盐具有中和胃酸的作用。镁离子在肠道中吸收速度较慢,可以促使水分滞留,从而具有促进排便的效果。低浓度的镁可以降低肠壁张力和减缓胃肠道蠕动,有解痉的作用。(6)对激素的调节作用。在正常情况下,血浆中镁浓度升高可以抑制甲状旁腺激素(PTH)的分泌。而当血液中镁浓度下降时,甲状旁腺被激活,促使镁从骨骼、肾脏和肠道转移到血液中,尽管这种转移的量非常微小。然而,当血液中镁浓度水平极度降低时,甲状旁腺的功能反而会下降,补充镁后可以恢复正常。甲状腺激素能够增加人体对镁的需求量,可能导致相对缺乏镁,因此对于甲亢患者,补充镁盐是必要的。(7)维持酸碱平衡。镁离子是细胞内液中的主要阳离子,与钙、钾和钠等离子与相应的阴离子协同作用,共同维持体内的酸碱平衡。

5.磷的生理功能

磷是人体中重要的无机元素之一,具有多种生理功能,包括:(1)构成骨骼和牙齿。磷在人体的骨骼和牙齿中以无机磷酸盐的形式存在,主要是磷灰石。羟基磷灰石不仅为机体提供结构支撑作用和负重功能,还是磷的储存库,其重要性与骨骼和牙齿中的钙作用相当。(2)磷酸是组成生命的重要物质。磷是构成核酸(如 DNA 和 RNA)、磷蛋白、磷脂、酶(如 NAD、NADP、TPP)、细胞内重要的第二信使(如 cAMP)和环鸟苷酸(cGMP)等的重要成分。(3)参与代谢过程。碳水化合物在进入代谢过程之前要经历磷酸化过程。这表现为糖原被磷酸化成葡萄糖-1-磷酸，葡萄糖磷酸化成葡萄糖-6-磷酸。脂肪的中间代谢和吸收也需要经过磷酸化为葡萄糖-6-磷酸等步骤，才能继续进行反应。蛋白质的可逆性磷酸化过程是机体调控机制的重要基础之一。磷以磷酸根的形式参与体内能量代谢，当代谢过程中释放出能量时，磷酸根与它们结合形成高能磷酸键，储存在三磷酸腺苷(ATP)和磷酸肌酸分子中。当人体需要能量时，高能有机磷酸释放出能量，磷酸根则游离出来。这一过程对于有效利用、储存和转运能量具有重要意义。(4)参与酸碱平衡的调节。磷也参与调节体内的酸碱平衡，磷酸盐具有缓冲作用，其缓冲体系接近中性，是体内重要的缓冲体系之一。

(六)水

水是人体维持基本生命活动所必需的重要物质，是人体中含量最多的营养素，约占体重的2/3。水具有良好的溶解性，能够帮助其他营养素在体内被吸收和运输，并将新陈代谢产物排出体外；维持体内的温度调节、血液循环、消化吸收、废物排泄等生理过程；还对关节、器官、组织和肌肉起着缓冲和润滑保护作用。此外，摄入适量的水还有助于维持良好的皮肤健康、增强免疫系统功能等。

二、人体需要的能量

(一)热能

热能是人体所需的能量，用于维持生命活动。无论是日常生活还是进行各种工作和体育运动，人体都在不断消耗热能。为了满足人体的能量需求，需要从食物中摄取热能。糖、脂肪和蛋白质是供给人体热能的物质，也被称为热源物质。热能的国际单位是焦耳(J)。

(二)能量消耗

人体在正常情况下的能量消耗主要有三个方面：基础代谢、身体活动和食物的特殊动力作用。对于生长发育中的儿童，能量消耗还包括各种组织的生长和更新所需的能量。除此之外，环境温度、年龄、体重、性别和遗传因素等也会对能量消耗产生一定的影响。了解人体的能量消耗对于合理控制饮食和保持健康非常重要，每个人的能量需求都有所不同，需要根据具体情况进行适度调整和管理。

1. 基础代谢

基础代谢是指在空腹清醒、适宜的温度条件(18 ~ 25 ℃)下,人体维持基本生命活动所需的能量。基础代谢率受性别、年龄和体表面积等因素的影响,也受到高级神经活动、内分泌系统状态以及外界气候条件等因素的调节。一般而言,男性的基础代谢率高于女性,儿童的基础代谢率高于成人,在寒冷气候条件下的基础代谢率也会高于温暖气候条件下的。

2. 身体活动

从事日常生活、各种劳动和运动所消耗的能量占据了人体能量消耗的主要部分。不同的劳动强度、持续时间、生活方式、环境条件以及工作熟练程度都会影响能量的消耗量。因此,同样一项活动在不同的人身上可能会消耗不同的能量。例如,相较于进行轻度运动的人,进行激烈运动的人会消耗更多的能量。

3. 食物的特殊动力作用

食物的特殊动力作用是指机体摄取食物后,内部因进行食物消化、吸收和代谢而引起的能量消耗。食物的特殊动力作用的程度取决于食物的种类和数量。在这个过程中,不同营养素的特殊动力作用强度也有所不同。蛋白质的特殊动力作用最强,相当于其本身产生热量的30%左右,糖类为5% ~ 6%,脂肪为4% ~ 5%。在我国一般饮食中,食物的特殊动力作用所消耗的能量占膳食能量的10%左右。

4. 生长发育

儿童和青少年的生长发育需要较多的能量来支持新组织和细胞的构建,每增加1 g新组织,就需要消耗约20 kJ的能量。儿童和青少年正在经历身体各个系统的快速发展和成熟,包括骨骼、肌肉、器官和神经系统等需要额外的能量来满足生长发育的需求。在孕妇体内,胎儿也在不断生长和发育,这个过程需要能量来支持细胞分裂、组织形成和器官发育等。

(三)人体能量需要量的测定

为确定人体每日所需的能量,制订合理的膳食计划以维持能量平衡、预防肥胖和营养不良、预防疾病、保证健康,人们常用以下几种方法进行热能消耗量和需要量的测定。(1)活动观察计算法:通过对个体的日常活动进行观察和记录,结合相应的能量消耗系数,计算出各种活动所消耗的能量。(2)膳食调查法:通过记录个体的膳食摄入情况和食物成分,结合食物的热量值和消化吸收率,推算出摄入的能量。(3)体重平衡法：通过定期测量个体的体重变化，结合能量守恒定律，计算出每天的能量平衡状况，从而确定个体的能量需要量。

三、健康饮食与运动员营养策略

（一）健康饮食指导

健康饮食是指提供符合人体生理和生活需求的平衡膳食，既要注重膳食的质量，也要关注膳食的数量。平衡膳食要由多种食物组成，以提供足够的热能和各种营养素，满足人体的正常需求，并保持各种营养素的平衡，有利于营养物质消化、吸收和利用。平衡膳食与合理营养是保持健康膳食的基础。中国营养学会发布了《中国居民膳食指南(2022)》，提出了平衡膳食八准则和《中国居民平衡膳食宝塔(2022)》（图1-4-1）。

中国居民平衡膳食宝塔(2022)

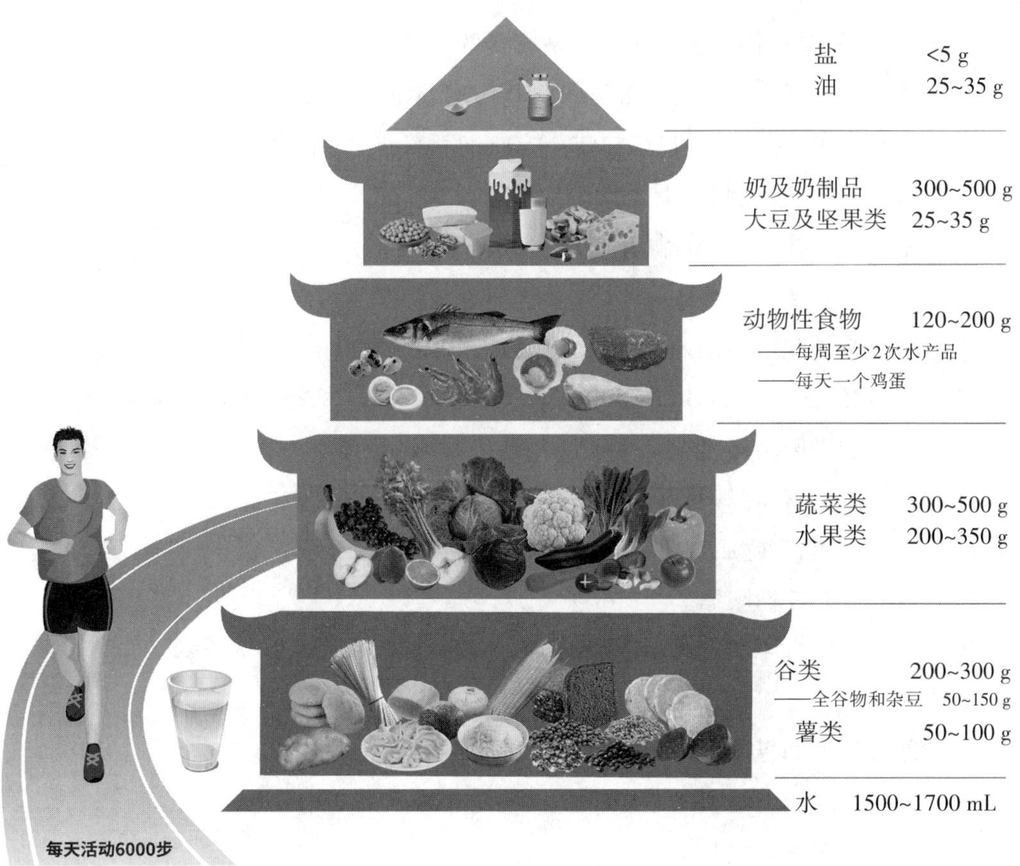

图1-4-1　中国居民平衡膳食宝塔

（1）食物多样，合理搭配。

①坚持谷类为主的平衡膳食模式。

②每天的膳食应包括谷薯类、蔬菜水果、畜禽鱼蛋奶和豆类食物。

③每天摄入12种以上食物，每周25种以上，合理搭配。

④每天摄入谷类食物200～300 g，其中包含全谷物和杂豆类50～150 g；薯类50～100 g。

（2）吃动平衡，健康体重。

①各年龄段人群都应天天进行身体活动，保持健康体重。

②食不过量，保持能量平衡。

③坚持日常身体活动，每周至少进行5 d中等强度身体活动，累计150 min以上；主动身体活动最好每天6000步。

④鼓励适当进行高强度有氧运动，加强抗阻运动，每周2～3 d。

⑤减少久坐时间，每小时起来动一动。

（3）多吃蔬果、奶类、全谷、大豆。

①蔬菜水果、全谷物和奶制品是平衡膳食的重要组成部分。

②餐餐有蔬菜，保证每天摄入不少于300 g的新鲜蔬菜，深色蔬菜应占50%。

③天天吃水果，保证每天摄入200～350 g的新鲜水果，果汁不能代替鲜果。

④吃各种各样的奶制品，摄入量相当于每天300 mL以上液态奶。

⑤经常吃全谷物、大豆制品，适量吃坚果。

（4）适量吃鱼、禽、蛋、瘦肉。

①鱼、禽、蛋类和瘦肉摄入要适量，平均每天120～200 g。

②每周最好吃鱼2次或300～500 g，蛋类300～350 g，畜禽肉300～500 g。

③少吃深加工肉制品。

④鸡蛋营养丰富，吃鸡蛋不弃蛋黄。

⑤优先选择鱼，少吃肥肉、烟熏和腌制肉制品。

（5）少盐少油，控糖限酒。

①培养清淡饮食习惯，少吃高盐和油炸食品。成年人每天摄入食盐不超过5 g，烹调油25～35 g。

②控制添加糖的摄入量，每天不超过50 g，最好控制在25 g以下。

③反式脂肪酸每天摄入量不超过2 g。

④不喝或少喝含糖饮料。

⑤儿童青少年、孕妇、乳母以及慢性病患者不应饮酒。成年人如饮酒，一天饮用的酒精量不超过 15 g。

(6)规律进餐，足量饮水。

①合理安排一日三餐，定时定量，不漏餐，每天吃早餐。

②规律进餐、饮食适度，不暴饮暴食、不偏食挑食、不过度节食。

③足量饮水，少量多次。在温和气候条件下，低身体活动水平成年男性每天喝水 1700 mL，成年女性每天喝水 1500 mL。

④推荐喝白水或茶水，少喝或不喝含糖饮料，不用饮料代替白水。

(7)会烹会选，会看标签。

①在生命的各个阶段都应做好健康膳食规划。

②认识食物，选择新鲜的、营养素密度高的食物。

③学会阅读食品标签，合理选择预包装食品。

④学习烹饪、传承传统饮食，享受食物天然美味。

⑤在外就餐，不忘适量与平衡。

(8)公筷分餐，杜绝浪费。

①选择新鲜卫生的食物，不食用野生动物。

②食物制备生熟分开，熟食二次加热要热透。

③讲究卫生，从分餐公筷做起。

④珍惜食物，按需备餐，提倡分餐不浪费。

⑤做可持续食物系统发展的践行者。

(二)运动营养学概述

运动营养学是研究运动与营养两者关系的学科。它关注运动对营养需求的影响，以及适宜的饮食和营养策略对运动表现、康复和健康的影响。

1.运动员营养的一般策略

良好的营养对于运动员取得优异成绩至关重要。不同于一般人群，运动员在运动过程中的能量消耗较大，而且不同类型的运动项目会对身体的代谢产生不同的影响，因此在营养方面也有其特殊的需求。为了确保身体健康和提高运动表现，运动员膳食的普遍要求如下。

(1)能量平衡。运动员的能量消耗较高，必须摄取足够的能量来满足身体的需求。不同的运动项目、强度和持续时间对能量的需求不同，因此需要根据个体的能量消耗确定摄入量。大多数运动项目的运动员每天的能量消耗在14647 ~ 16740 kJ范围内。

(2)合适的能量物质比例。膳食中能量物质的比例对机体的新陈代谢和工作能力有一定的影响。根据不同的运动项目的需求,可以适当增加蛋白质、碳水化合物和脂肪的比例。对于大多数运动项目的运动员,推荐蛋白质、脂肪和碳水化合物的质量之比为1∶(0.7 ~ 0.8)∶4;对于耐力项目,三者的比例为1∶1∶1.7。

(3)充足的维生素摄入。运动员对维生素的需求较高,并且对维生素缺乏的耐受性较差。剧烈运动会增加机体对维生素的需求量,如果摄入不足,可能会提前出现维生素缺乏症状。早期的维生素缺乏症状可能包括运动能力下降、易疲劳和免疫力减弱等。一旦补充足够的维生素,那些因维生素缺乏而出现的症状会得到缓解。

(4)充足的无机盐摄入。由于钠、钾、镁和钙对于神经传导和肌肉收缩非常重要,运动员由于大量出汗,导致钠、钾和镁的丢失量增加,因此对这些无机盐的需求高于一般人群。推荐中国运动员每天摄入适量的钠、钾和镁,建议摄入量如下:钠<5 g(在高温环境下训练可以增加到<8 g),钾3 ~ 4 g,镁400 ~ 500 g。

(5)充足的矿物质摄入。运动项目不同,相应的运动员对钙的需求也不同。推荐中国运动员每天摄入适量的钙,建议摄入量为1000 ~ 1500 mg。对于进行大量运动和在高温环境下训练或比赛的运动员,钙的最大摄入量可以考虑上限,即1500 mg。运动加快了铁和锌的代谢,排出量增加,导致这两种微量元素的吸收受到影响,从而增加了运动员对铁和锌的需求。推荐中国运动员每天摄入适量的铁和锌,建议摄入量都为20 mg。对于进行大量运动或在高海拔环境下训练或比赛的运动员,铁和锌的适宜摄入量可以增加到25 mg。

(6)充足的补水。为了预防脱水和避免运动能力下降,建议在运动前和运动中进行预防性补水。此外,及时补充水分也有助于促进身体的恢复。补水的原则是少量多次,避免一次性大量补水对胃肠道和心血管系统造成过大负担。此外,补水的总量应大于失水的总量。

(7)合理的膳食和饮食制度。运动员的食物应选择易于消化和吸收的营养丰富的食品,同时要合理搭配酸碱食物。膳食的质量和搭配应与训练和比赛项目密切相关。运动前的饮食应易于消化吸收,含有较多的糖、维生素和磷,而摄入脂肪和纤维素较少。每日三餐的热量分配要合理,早餐热量占总摄入热量的30% ~ 35%,早餐应含有丰富的蛋白质、维生素和碳水化合物。晚餐不宜过饱,应少摄入脂肪和刺激性食物,并易于消化,以免影响睡眠质量。

膳食制度包括严格的饮食时间、饮食质量和饮食分配。运动员的进餐时间必须与训练和比赛时间有一定间隔，因为剧烈运动时，血液主要流向肌肉和皮肤的血管，导致消化系统的血供相对减少，消化腺分泌减少，消化道蠕动减缓。因此，饭后需要休息2～3 h，然后再进行剧烈运动最为适宜。在运动结束后，至少间隔30 min再进餐，因为循环和呼吸功能需要一定时间恢复到相对安静状态，消化系统才能准备好摄入食物。进餐时间应保持规律，否则易导致消化功能紊乱。

2.不同运动项目的营养策略

（1）提高力量和速度的营养策略。

①爆发型、力量型和速度型运动员的碳水化合物推荐量。目前，碳水化合物的摄入指南建议，爆发型或力量型运动员在每天进行大量（每天超过4～5 h）中等至高强度运动时，按运动员每千克体重计（下文同），每天应摄入8～12 g/kg碳水化合物；在每天进行1～3 h中等至高强度运动时，建议每天摄入6～10 g/kg碳水化合物。对力量型运动员的调查研究显示，其碳水化合物的摄入量差异较大，且一致表明摄入量远低于推荐量。不考虑性别因素，举重和投掷运动员的碳水化合物摄入量为每天3～5 g/kg，健美运动员的碳水化合物摄入量为每天4～7 g/kg。

②爆发型、力量型和速度型运动员的蛋白质推荐量。对于爆发型或速度型运动员来说，建议蛋白质摄入量为每天1.5～1.7 g/kg，约为一般健康非运动员（每天0.8 g/kg）所需摄入量的两倍。美国运动医学会（ACSM）建议所有运动员的蛋白质摄入量为每天1.2～2.0 g/kg。另外，ACSM还建议运动员每天有规律地间歇性摄入适量的（每餐0～0.3 g/kg）优质蛋白质，以促进蛋白质合成和肌肉恢复。综合考虑这些因素，运动员应在全天的食物中摄取优质蛋白质，并特别注意运动后立即摄入蛋白质以促进肌肉蛋白质合成。调查研究表明，对于每天摄入量超过12557 kJ的运动员来说，其蛋白质的摄入量等于或高于当前的推荐量，但他们经常无法正确分配蛋白质摄入量，从而影响肌肉蛋白质的最佳合成。有人认为，蛋白质的摄入量超过推荐量，往往以碳水化合物的摄入量相对较少为代价，因而并不能促进肌肉蛋白质的合成和肌肉恢复，反而导致将更多的蛋白质作为能量来源，而不是促进合成代谢。

③爆发型、力量型和速度型运动员的脂肪推荐量。虽然碳水化合物是爆发型运动员的主要能源物质，但脂肪也是其重要的能源物质。一般脂肪的推荐摄入量为每天2 g/kg，如果摄入量超过推荐量，可能会代替所需的碳水化合物和蛋白质，从而干扰肌肉糖原的恢复和肌肉组织的修复。推荐的脂肪摄入量足以满足脂溶性维生素、脂肪酸的转运以及激素的合成。对爆发型或力量型运动员的调查研究表明，他们的脂肪摄入量超过当前的推荐量。研究者指出，可能是由于运动员试图摄入

较多的蛋白质,导致肉类的摄入量过多而使脂肪摄入量过多。

④运动员的增肌推荐量。通常认为摄入过多的蛋白质可促进肌肉生长,但同时会产生过多的氮排泄和相关的脱水现象,这种增肌策略可能会适得其反。许多调查报告了蛋白质的摄入情况,男性的摄入量为1.9～4.3 g/kg,女性的摄入量为0.3～2.8 g/kg。有研究表明,假设蛋白质的摄入在一整天中分配良好,每天蛋白质的摄入量达2.2 g/kg可能有利于健美运动。在没有特定营养素缺乏的情况下,摄入更多的蛋白质很难促进增肌激素的产生。这里要强调的是,过量不如适量好。

(2)提高耐力的营养策略。

①满足能量需求。据估计,越野滑雪运动员在50 km比赛中约消耗能量0～16743 kJ。在强化训练中可能消耗更多的能量(每天高达33486 kJ)。据报道,超级马拉松运动员的能量消耗量平均为每天23147 kJ,每天平均每小时的能量消耗超过1393 kJ。据估计,一名25岁的女子马拉松运动员,体重56.7 kg,早上以4.56 m/s的速度跑步16.1 km,下午进行间歇性训练跑步12.9 km,共需要消耗12557 kJ,加上5571 kJ以满足静息时的能量消耗需求(静息时的能量消耗指维持体重及身体静止时保持正常身体功能所需的能量),则每天的总能量需求超过1800 kJ。若不能持续提供足够的能量来满足运动和静息能量消耗的需要时,将导致体重下降和肌肉减少。

②补充水分。在运动时,运动员不可避免地会因出汗等导致体内水分丧失。在温暖的环境中运动时,因机体降温及正常的排尿,每天可能会失水超过10 L。在炎热和潮湿的环境中运动时,失水可能会超过3 L/h,但在凉爽且干燥的环境中运动时,失水可能会低于0.5 L/h。尽管运动员的汗液流失率较高,但大多数运动员仅补充了流失液体的50%,这不可避免地导致脱水和运动表现下降。研究明确表明,即使轻微的脱水(占体重的2%)也会导致运动表现明显下降。因此,运动员积极补充水分,将有助于保持最佳的运动表现。

③补充碳水化合物。因为与脂肪储存量相比,碳水化合物的储存量相对较低,所以运动员必须有意识地补充碳水化合物。在持续1 h或更长时间的运动中,具有高水平的碳水化合物(糖原)储存量和摄入足够的碳水化合物是优化耐力水平的公认技术。有大量文献表明,在运动中摄入碳水化合物有助于维持血糖(葡萄糖)和胰岛素水平,从而促进工作肌摄取糖分。例如,100 km超级马拉松的运动员,他跑完全程大约花费了6.5 h。在比赛期间,他每小时摄入58 g左右的碳水化合物,以避免糖原耗尽。研究发现,与在运动时仅补充水的自行车运动员相比,摄入含碳水化合物液体的自行车运动员可以多持续运动1 h。鼓励运动员每天摄入9～10 g/kg

(146.5～167.4 kJ)碳水化合物。对于68 kg的运动员来说,需要摄入600 g(10046 kJ)碳水化合物。以总能量的百分比表示,建议60%总能量来自碳水化合物。

在比赛中,碳水化合物的浓度是避免肠胃不适需要考虑的重要因素。已有研究发现,摄入浓度为5.5%(每236.56 mL液体中含13 g碳水化合物)的碳水化合物液体几乎不会产生肠胃不适。当运动员进行同样的运动,若摄入的液体浓度略高时(浓度为6.9%的碳水化合物或每236.56 mL液体中含16 g碳水化合物),肠胃不适的发生率增加一倍。这一研究建议,耐力型运动员应在赛中早期摄入适量的碳水化合物,并有规律地持续补充,以获取所需的碳水化合物而不会引起肠胃不适。一项关于马拉松运动表现的研究也得出了类似的结果,该研究在三个独立的测试中发现,与摄入浓度为6.9%的碳水化合物液体的运动员相比,摄入浓度为5.5%的碳水化合物液体的运动员能有更好的运动表现。虽然运动员对碳水化合物有很高的需求,但是过快地补充过多碳水化合物会导致运动表现下降。

碳水化合物的成分也可能影响耐力运动表现和肠胃状况。有一项研究比较了在105 min的自行车运动中,含有葡萄糖、果糖和蔗糖的6%碳水化合物液体与仅含果糖的液体对运动员的影响。结果发现,仅含有果糖的液体会导致肠胃不适的发生概率增加、血容量明显下降,皮质醇、血管紧张素I和促肾上腺皮质激素(这些都被认为是应激激素)上升程度更高,运动表现降低。通常建议进行持续时间超过2.5 h的耐力运动时,在运动中应摄入相对大量(每小时高达90 g)的混合型碳水化合物(即葡萄糖、蔗糖和果糖的组合),以避免糖原耗竭。对于持续时间1～2.5 h的耐力运动,建议碳水化合物的摄入量为每小时30～60 g。

运动开始后糖原的再合成也很重要,因为运动持续1 h或更长时间后,糖原储备会严重减少。糖原再合成的效率取决于以下几个因素:碳水化合物的摄入时间、碳水化合物的摄入量、碳水化合物的摄入类型、运动时肌肉的受损程度(与健康肌肉相比,受损肌肉再合成糖原的速度较慢)。

升糖指数高的食物会迅速进入人体血液,与升糖指数低的食物相比,合成肝糖原和肌糖原的能力更强(尤其在运动后立即食用时)。一般建议,在运动开始后每2 h补充837 kJ的碳水化合物,且在运动开始后应尽快补充第一次碳水化合物。

④蛋白质的推荐量。虽然爆发型或速度型运动员平均消耗更多的蛋白质,但实际上,耐力型运动员似乎比爆发型运动员需要更多的蛋白质。耐力型运动员的蛋白质需求量约为非运动员建议水平的两倍。除素食主义者外,大多数耐力型运动员主要从食物中摄取蛋白质。一项关于蛋白质摄入量的总结性研究表明,男性和女性耐

力型运动员的蛋白质平均摄入量为1.8 g/kg。补充高水平的蛋白质对于运动员来说较为普遍,但有人担心长期摄入过多的蛋白质可能会导致进行性肾损害;蛋白质摄入过多会降低骨密度,增加运动员骨折的风险;此外,摄入过量的蛋白质也会增加脱水风险。因此,运动员应以优化利用的方式获取足够的蛋白质来满足机体需要,也应注意蛋白质的摄入不得超过需求量。

⑤脂肪的推荐量。很多文献表明高脂饮食可以提高运动表现,也有数据显示,在耐力型运动员中,结合高碳水化合物饮食最能改善脂肪代谢。因此,耐力型运动员在摄入高碳水化合物与适度蛋白质饮食时应摄入能够满足总能量需求的脂肪。

⑥维生素的推荐量。B族维生素(硫胺素、核黄素和烟酸等)对于耐力型运动尤为重要,确保摄入足够(60%总能量)碳水化合物的耐力型运动员从食物中获取的B族维生素可以满足机体需求。尽管如此,许多耐力型运动员仍服用维生素补充剂,但这些补充剂并不能为提高运动表现提供太大的好处。此外,如果烟酸摄入过多会抑制脂肪代谢,且对糖原的依赖性更大,从而导致过早发生疲劳。耐力型运动员应进行成本效益分析,以确定将补充剂的费用花在优质食物上是否更好。

⑦矿物质的推荐量。耐力型运动表现主要取决于有氧代谢,因此,确保最佳的铁营养状况对于耐力型运动表现至关重要。鉴于铁营养状况在耐力型运动中的重要性,且缺铁是在运动员和非运动员中最常见的营养不良问题,因此,耐力型运动员应认真考虑定期每年进行铁营养状况(血红蛋白、血清铁蛋白、血细胞比容)评估。素食运动员缺乏铁、锌和钙的风险更高,因此,对于素食运动员来说,定期客观地测量这些营养素在体内的含量十分重要。如果血液或骨密度检查显示营养不良,医疗专业人员可以为运动员制定营养补充策略等。

耐力型运动员应注意营养摄入过量的风险。研究发现,每天口服1 g维生素C的男性,耐力素质显著下降,这可能是过量的维生素不能让关键细胞很好地适应运动而导致的。获取各类营养素和足够的能量对运动表现和健康都非常重要,显然节制饮食是导致女子长跑运动员骨质疏松的一个重要原因,且限制能量的时间越长,恢复肌肉质量和葡萄糖耐受性的难度就越大。因此,过量不如适量好,且摄入足够的量十分重要。许多耐力型运动员未能摄入足够的营养或能量,因此,无法从训练中获得最大效益且损伤风险增加。对参加铁人三项、模拟冒险比赛和其他超长自行车比赛的运动员的研究均发现,参赛运动员存在严重营养不良的问题。在理想情况下,这些运动员应通过摄入合适的食物以获得需要的营养素,但是如果无法从食物中满足所需,通过使用低剂量目标营养素补充剂是一个合理的选择。不过膳食补充是最好的途径。

思考题

1.除本章中所介绍的健康概念及内涵,你认为健康还应该包括哪些方面的内容?

2.如何理解生活方式与健康的关系?

3.学习环境与运动的关系之后,请思考适合自己的运动专项的运动环境。

4.为什么不同人群的体育卫生要求不同?各类人群的体育卫生要求具体是怎样的呢?

第二章
授课视频

第二章 运动医务监督

第一节　医务监督概述

医务监督运用医学、生理学等知识和方法，对体育运动参与者的身体进行全面的观察和检查，是评价其健康状况、发育水平以及竞技水平的手段和措施。

（一）医务监督的内容

医务监督的内容涵盖了体格检查、学校体育教育的医务监督、运动训练和比赛期的医务监督、运动性疲劳的医务监督，以及运动性疾病的医务监督等。严格来讲，运动前中后的营养补充、运动损伤的预防和处理等也是体育运动医务监督的内容。

（二）医务监督的目的

按照不同的运动目的，体育运动医务监督的目的和重点内容有所不同。

1.竞技运动的医务监督

通过医务监督，运动员在生理限度内能充分发挥竞技效能，创造佳绩。

2.健身运动的医务监督

通过医务监督，体育运动参与者达到促进身心健康、延年益寿的目的。

3.康复运动的医务监督

通过医务监督，体育运动参与者达到治疗某种疾病或促进康复的目的。

（三）医务监督的意义

通过医务监督，体育运动参与者能更有效地运用体育的手段，促进身体发育、保持健康和提高运动技术水平；能培养科学的体育锻炼方法和良好的卫生习惯，遵守体育锻炼的卫生原则，避免与减少运动伤病的发生；保证体育教学和运动训练的顺利进行，使运动者从中受益，获得更好的运动效果。

第二节　体格检查

体格检查是通过使用感官如眼、耳、鼻、舌或借助简便的工具，对人体的健康状况、形态和机能水平进行检查的重要手段。分析体格检查数据和建立健康档案，有助于评估运动员的整体健康状况、发现潜在的健康问题、优化训练计划和预防运动性疾病，以提高运动员的运动表现和健康水平。

（一）健康状况

疾病史和家族史是健康状况筛查中极为重要的两大因素。疾病史主要询问心血管疾病（如心脏病、高血压等），呼吸系统疾病（如哮喘、慢性阻塞性肺疾病等），代谢性疾病（如肥胖、糖尿病、高血脂、痛风等）等；家族史主要询问高血压、糖尿病、恶性肿瘤等。

（二）运动史

运动史是评估和了解个体运动情况的重要组成部分。运动史主要询问运动参与情况（如运动项目、运动年限、运动等级等），运动性疾病（如运动性贫血、运动性低血糖等），运动损伤（如骨折、肌肉拉伤等）。

（三）体表检查

体表检查是一种常见的身体外貌观察方法，用于评估个体的外部身体状况并发现任何潜在的异常，主要包括皮肤、黏膜、头部、颈部、四肢和躯干等。皮肤和黏膜的检查主要是观察个体的苍白程度、黄染情况、出血点、静脉曲张和皮肤病是否存在。对学生或运动员的身体姿态进行检查和评定，有助于减少或避免运动对机体造成不良影响。身体姿态的检查内容主要包括脊柱、胸廓、上下肢及足弓形态等。此外，还要对甲状腺和浅表淋巴结情况进行检查。

（四）物理检查

物理检查是指医务人员通过观察、触摸、听诊和叩诊等方法，评估患者身体状况的常规检查，检查内容主要包括脉搏（频率、节律和强度），心跳（速率、节律、心音强度及杂音情况）及血压。

（五）形态测量

形态测量的目的在于了解人体的形态和发育状况，以及评估体育锻炼的效果和进行优秀运动员的选择。通过形态测量也可以发现存在的问题并采取有效的改善措施。

1. 脊柱形状

脊柱检查方法包括使用脊柱测量计、重锤，手触感和目测观察等。人的脊柱由颈椎、胸椎、腰椎、骶椎和尾椎等多个椎体组成，这些椎体相互连接形成了整个脊柱。在正常情况下，从正面看，所有的棘突应该在一条直线上。一种常用的脊柱检查方法是使用一根细绳，将细绳系在重锤上并从身体的正中线垂直下垂，所有的棘突应该与细绳处于同一直线上。如果有棘突偏离了正中线且距离大于5 cm，就称为脊柱侧弯，常见的脊柱侧弯有“C”形和“S”形两种。从侧面上看，正常的脊柱呈现出“S”形曲线，一般来说，颈椎和腰椎向前凸，而胸椎和骶椎则向后凸，从而形成人体正常的生理曲线。在某些情况下，脊柱的生理曲线可能会发生变化，比如颈椎的曲度变直等情况。

2. 胸廓形状

人体的胸廓形状因年龄不同而有一定差异。根据胸廓的横径与前后径的比值和形态，可以将胸廓分为：（1）正常胸廓，横径与前后径之比约为4:3，这种胸廓形状符合一般的生理规律。（2）扁平胸廓，横径与前后径之比大于4:3，扁平胸廓在侧面观察时显得较为扁平。（3）桶状胸廓，横径与前后径之比约为1:1，桶状胸廓形状呈现出类似桶的形式，胸廓较为圆润。（4）鸡胸，前胸廓呈凹陷状，胸骨部分突出。（5）漏斗胸，前胸廓部分凹陷，在胸骨剑突方向凹陷最深，形成类似漏斗的形状。

3. 腿型与足型

人体的腿型可以根据标准姿势下两膝关节和两足跟之间的距离进行分类，主要分为：（1）正常腿。在两足正常靠拢时，两膝关节间隙小于1.5 cm，这种腿型符合正常生理解剖结构。（2）“O”形腿。在两足靠拢时，两膝关节之间的间隙超过1.5 cm。膝关节之间的距离比正常情况要宽。（3）“X”形腿。在两膝关节靠拢时，两足之间的间隔大于1.5 cm，膝关节之间的距离比正常情况要窄。

（六）功能检查

功能检查可以帮助评估运动参与者的身体机能和潜力，有助于制定合适的训练计划和调整运动方式，主要包括运动系统功能检查、心血管系统功能检查等内容。

1.运动系统功能检查

运动系统的功能检查主要包括肌肉功能和柔韧功能两部分。肌肉功能主要由握力计、测力台和背力计分别测量人体的上肢、下肢和背部的肌肉力量；由仰卧起坐、引体向上和俯卧撑等项目测量人体的肌肉耐力；主要由坐位体前屈测量躯干和下肢的柔韧能力。

2.心血管系统功能检查

心血管系统功能检查主要涵盖心脏杂音、心脏肥大和心功能实验三个方面。(1)心脏杂音。心脏在收缩或舒张过程中出现异常的声音称为心脏杂音。心脏杂音可以分为生理性杂音和病理性杂音。对于运动员来说，生理性杂音的特点是出现在收缩期、程度不高(二级以下)，呈现吹风样的音质，通常在肺动脉区域听到，而且在运动后可能会增强。(2)心脏肥大。心脏肥大分为运动性肥大和病理性肥大。运动性肥大是指由于运动员长期训练和反复肌肉活动，导致心脏工作负荷增加而引起的心脏肥大，这种现象通常是健康适应的正常生理现象。病理性肥大是由疾病引起的心脏异常增大，通常伴随其他心脏疾病的异常体征。(3)心功能实验。常用的心功能实验包括台阶实验、功率自行车实验和平板运动实验等。这些实验的原理都是通过运动增加心脏负荷，观察运动过程和恢复期间的一些临床指标，例如脉搏、心率、血压和心电图等，以评估心脏功能，这些实验主要适用于正常人和康复期病人。

(七)医学检查

医学检查主要包括实验室检查和影像学检查。实验室检查包括血常规、尿常规、血生化和激素检查等。影像学检查包括X线、心电图、超声心动图、脑电图等。

第三节　学校体育教育的医务监督

学校体育教育的医务监督是指为了预防运动损伤、增强体质和增进健康，组织者需要规避一切不利于健康的因素，保障学生从事适应于自身生理特点和体质健康水平的科学运动，所采取的一系列必要的措施。学校体育质量可以通过体育课、晨间体育活动、课间体育活动、课外体育活动4方面来综合评定。

一、体育课的医务监督

在开展体育教学过程中，全面了解学生的健康状况，监测学生参与运动后的生理反应，有助于体育教师更好地完成体育教学任务。

（一）健康分组

1.分组参考因素

（1）健康状况。学生的健康状况应结合既往疾病史和医疗机构对身体各功能器官的生理功能的临床诊断进行综合评定。学生常见的主要疾病包括心肌炎、高血压、糖尿病、贫血、月经不调（女性）等。

（2）身体发育状况。学生的身体发育状况主要由体格、身体成分和体型三方面构成。体格主要包括身高、体重、臂围、胸围、腰围及腿围等生长发育指标；身体成分主要包括体脂百分比、骨骼肌含量等；体型主要包括肥胖型、细长型及匀称型等。学生的身体发育状况需要结合上述指标进行综合评定。

（3）身体机能状况。学生的身体机能状况主要包括心血管系统、呼吸系统及心肺机能三方面的状况，常将三个方面综合起来进行评定。心血管系统主要通过心率（脉搏）、血压、心血管机能实验来综合评定；呼吸系统主要通过肺活量、闭气实验进行综合评定；心肺机能主要通过最大摄氧量进行评定。

（4）身体素质状况。身体素质是指人体在运动过程中所表现出的力量、速度、耐力、柔韧、灵敏、协调及平衡等运动能力的总称，是人体各器官系统的机能在肌肉工作中的综合体现。学生的身体素质水平不仅可用于评价体育教学的效果，也可为改进和提高体育教学提供科学依据。

2. 分组

根据学生的健康状况、身体发育状况、身体机能状况、身体素质状况以及运动史，可以分为健康组、亚健康组和康复组三类。

(1)健康组。

健康组主要是身体发育正常、健康状况良好的学生，允许该组别学生有轻微的身体发育或健康异常(如身材矮小、轻微贫血等)，不会对参与正常的教学活动造成影响。对于健康组的学生，体育教师应按照教学大纲的要求正常开展教学，也可以安排适当的专项训练或比赛。

(2)亚健康组。

亚健康组主要是身体发育或健康状况有轻微异常的学生，该组别学生有明显的身体活动不足或生活方式不佳倾向(如高糖高脂肪饮食、网络成瘾等)。对于亚健康组的学生，体育教师在按照教学大纲教学的同时，在运动时间、运动强度和专项动作方面应适当减缓教学进度，不宜安排专项运动训练或远距离的教学比赛。

(3)康复组。

康复组主要是身体发育或健康状况明显异常的学生，该组别学生可能受先天或后天的影响，在各功能器官上存在明显的异常疾病(如先天性心脏病、骨折、高血压、糖尿病等)。对于康复组的学生，体育教师不应按照教学大纲进行教学，需要结合康复组学生的不同特点开展针对性的特殊体育教学，以达到帮助其早日康复的目的。

3. 健康分组的注意事项

为了使每个学生都能在体育活动中获得积极的体验和成就感，体育教师需要根据学生的实际情况和教学目标对学生进行分组，在制定合适的分组策略时，需要特别注意以下事项。

(1)随着时间的推移，学生的健康状况、身体素质状况和运动技能水平可能会发生变化，此时，体育教师需要根据学生在分组后的实际情况，重新评估分组的合理性，并根据情况进行转组。

(2)在分组情况复杂或不明确时，将学生先行分到较低水平组别不仅可以降低混乱和错误的风险，也可以为体育教师留出时间仔细地观察和评估学生的综合能力，以便做出更合适的分组决策。

(3)当学生处于精神紧张、疲劳、发热、感冒等健康状况不佳的情况时，为了确保学生不会因健康分组而过度疲劳或恶化疾病，体育教师应予以延迟分组或调整分组计划，甚至不宜进行健康分组。

(4)当学生出现体温异常,处于内脏疾病的急性期,有出血倾向疾病或恶性肿瘤等病症时,建议学生不参加体育教学活动。

(二)体育教学的医学观察

体育教学的医学观察是指在体育教学过程中,由体育教师或医务人员(校医或护士)共同对学生进行医学方面的观察和监测。为了确保学生的健康和安全,需要观察教学过程中学生的生理反应、体育课程的组织和教法,以及观察、检查运动环境和场地设备的卫生、安全条件(表2-3-1)。

表2-3-1　体育课的医务监督一般内容评价表

任课教师: 体育课的基本内容:	上课地点:	日期: 时间:　min
一、教学分组:　有(2分)　无(0分) 二、对学生的安全教育:　有(1分)　无(0分) 三、有无准备活动:　有(2分)　无(0分) 四、准备活动的内容是否适当:　适当(1分)　不适当(0分) 五、是否有整理活动:　有(1分)　无(0分) 六、教学内容与方法是否符合教学大纲的要求:　符合(1分)　不符合(0分) 七、教学过程的划分是否合理:　合理(1分)　不合理(0分) 八、教授高难度动作时,是否有保护措施:　有(1分)　无(0分) 九、教师是否了解教学过程中可能出现的运动伤病,并采取预防措施:　是(1分)　否(0分) 十、教师是否具备一定的运动伤病现场处理能力:　有(1分)　无(0分) 十一、教师是否重视运动环境和场地设备的卫生、安全条件:　是(1分)　否(0分) 十二、课后学生的感觉:　轻度疲劳(2分)　无疲劳感(1分)　很疲劳(0分)		
合计得分:		
总结与建议:		

1.学生的生理反应

观察教学过程中学生的生理反应是评估学生身体状况和适应程度的一种有效方法。常见方法:(1)课前测量。为了识别学生的基础生理状态,以便于与课后的相关数据进行对比,在课前询问学生的自我感觉,并测量一些客观的生理指标,如脉搏、血压、肺活量和呼吸频率等。(2)课中观察。为了评估学生的疲劳程度和运动适应性,在课程的不同部分结束后,或在某个练习开始前或结束后,测量学生的脉搏和其他相关指标,并观察外部表现特征,如面色、神情、动作和出汗量等。(3)课后测量。为了了解学生运动后的身体状况和自我反应,在课程结束后应立即重复测量课前的生理指标,并询问学生在运动过程中和运动后的自我感觉。(4)补充负荷试验。在课后的10～15 min内,可以进行补充负荷试验,通过再次测量脉搏、血压和其他生理指标来评估学生的恢复能力,以进一步评估学生的运动耐力和身体适应能力。

2.体育课程的组织和教法

观察体育课程的组织和教法可以全面评估教学效果及学生参与度等内容。常见方法:(1)记录课程设定的任务和教学内容,采用的教法和具体的教学步骤,课堂的时间分配和出勤人数与出勤率,课堂的纪律表现及需要评估的运动成绩。(2)遵循体育卫生基本要求,包括充足有效的睡眠,均衡的饮食,适宜的体育锻炼,适宜的运动环境,充分的准备活动和必要的防护。(3)记录健康分组情况,包括健康组、亚健康组、康复组。(4)实施安全教育,包括运动安全知识,场地器材使用要求,运动技能的学习规范,突发事件的急救知识和紧急处理措施。(5)测量生理负荷量,根据心率计算指数法或百分法评价学生对体育课程的生理反应。

3.运动环境和场地设备的卫生、安全条件

在进行体育教学时,需要观察和检查运动环境和场地设备的卫生、安全条件等(表2-3-2),以下几个方面是需要注意的重点。(1)运动环境卫生。需要确保运动环境的整洁和卫生,包括场地表面清洁、无杂物和垃圾。定期清理运动场地,保持地面的平整和清洁,不仅可以确保学生的安全,还能为学生提供一个良好的体验和学习环境。(2)运动场地和器械的安全性。需要检查运动场地和器械的安全性,确保没有安全隐患。场地应有适当的标识和边界,防止学生越界或受伤。器械应处于良好的工作状态,无损坏或松动部件,并定期进行检修和维护,确保学生的安全和学习效果。(3)室内场馆的环境条件。需要关注通风、照明、温度和湿度等环境条件。良好的通风可以确保空气流通,减少污染和细菌滋生可能;适当的照明可以提供良好的视觉条件,确保学生的安全和正常运动;温度和湿度应在适宜范围内,以提供舒适的运动环境。

表2-3-2　运动环境和场地设备的卫生、安全的医务监督评价表

场地(馆)名称： 设施名称：　　　　　　　　　　评价日期：
一、选址方面(从空气及噪声两个角度考虑) 良好　　　较好　　　较差 二、面积(根据教学需要评价) 充足(3分)　　　能满足需要(2分)　　　拥挤(1分) 三、照明(灯光或自然采光) 符合比赛要求(3分)　　　基本满足教学要求(2分)　　　较差(1分) 四、保暖和降温设备 良好(3分)　　　较好(2分)　　　较差(1分) 五、游泳池水来源 自来水(3分)　　　海水(2分)　　　河水(1分) 六、游泳池消毒方式 专用循环消毒(3分)　　　直接在池中加氯(2分)　　　不消毒(0分) 七、体育器材、设施的来源 专业厂家生产(3分)　　　其他厂家生产(2分)　　　其他(1分) 八、器材、设施的现状 良好(3分)　　　较好(2分)　　　尚可使用(1分)　　　严重破损(0分) 九、地面材料 塑料、木地板或地毯(3分)　　　煤渣或三合土(2分)　　　其他(1分)
总分：
总结与建议：

(三)体育课生理负荷量的评定

通过记录学生在课前安静时、准备活动结束时、基本部分结束时、整理活动结束时和课后10 min的心率，可以绘制出体育课的心率变化曲线图(图2-3-1)。

在一堂体育课中，生理负荷量应该随着课程的进行逐渐增加，并在课程结束前逐渐减小。通常随着课程的进行，学生的心率应呈现上升(波浪式)的趋势，在基本部分(课程的中期或后期)达到最高峰。在这个阶段，学生的心率可能达到160～180次/min。随着课程接近尾声，心率开始下降，并在课后的10 min内恢复到正常水平。通过分析心率变化曲线图，可以确定课程中的生理负荷量是否在合理的范围内。如果曲线呈

现出适当的波浪形上升趋势，并在基本部分达到合理的高峰，然后在课程结束前逐渐下降并恢复到正常水平，那么可以认为该课程的生理负荷量是合理的。

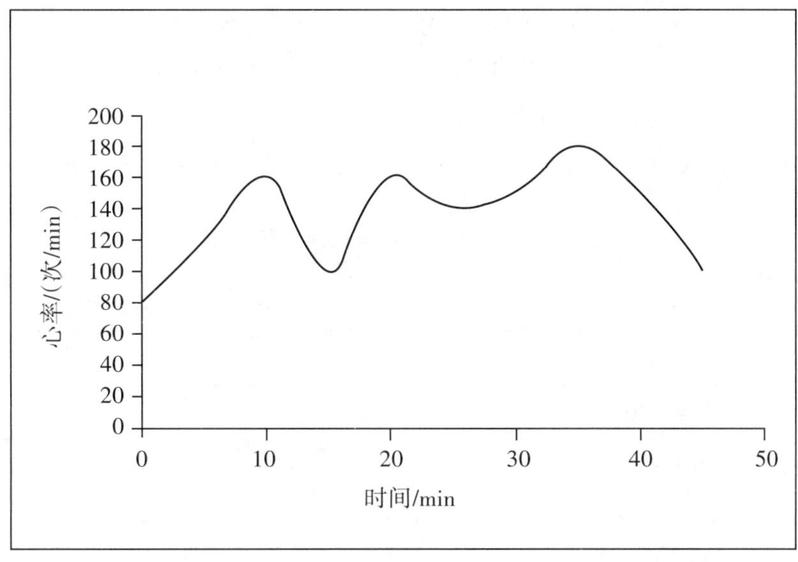

图2-3-1　体育课中学生的心率变化曲线图

为了更真实客观地反映课程的生理负荷量，可以进行多次心率测量，并根据心率数据计算课程不同阶段的生理负荷量、平均负荷量以及整堂课的生理负荷量，让评估更加准确、合理。

（1）指数法。通过课前安静时、准备活动结束时、基本部分结束时、整理活动结束时以及课后10 min的心率测量数据，计算平均心率。然后，将平均心率除以课前安静时的心率，得到生理负荷指数。生理负荷指数可以用来判断运动量等级（表2-3-3）。

$$生理负荷指数=\frac{平均心率}{课前安静心率}$$

表2-3-3　生理负荷指数评定表

生理负荷指数	运动量等级
2.0 ~ 1.8	最大
1.8 ~ 1.6	大
1.6 ~ 1.4	中等
1.4 ~ 1.2	小
1.2 ~ 1.0	最小

（2）百分法。将心率180次/min作为运动强度的健康值上限，通过百分法计算，可以评估体育课的生理负荷量（表2-3-4）。百分法的计算公式为：

$$K\%=\frac{（体育课的平均心率－课前安静心率）}{（体育课最高心率－课前安静心率）}$$

其中，平均心率是在体育课的整个过程中测得的心率的平均值，最高心率是指体育课期间测得的最高心率，而课前安静心率是指在体育课开始前测得的静息心率。

表2-3-4　体育课生理负荷量等级表

K%	生理负荷量等级
0%～20%	最小
20%～40%	小
40%～60%	中等
60%～70%	大
70%～80%	最大

二、晨间体育活动

晨间体育活动，也称为早操，是促进血液循环，增强体力和耐力，提高身体灵活性以及提振精神，全面准备好开始新一天的活动。选择适宜的锻炼项目和内容，并在适当的时间和强度下进行，将有助于取得最佳的锻炼效果，并确保身体的健康和安全。在选择运动项目时，应根据学生的年龄、性别、健康状况和季节等因素来确定。一般选择熟悉的、简单易行的活动，以确保安全和可持续性；建议的晨间运动持续时间为20～30 min，心率应保持在130～160次/min范围内，避免进行剧烈运动，不要过度疲劳和过度负荷。

三、课间体育活动

课间体育活动，也称为课间操，目的在于缓解学生长时间坐姿带来的身体疲劳，促进血液循环，增加身体活动量，提高注意力和专注力，改善学习效果，并培养良好的生活习惯和健康意识。同时，课间体育活动也可以增强同学们的团队合作精神，增进彼此之间的交流与友谊。在选择运动项目时，应优先考虑简单易行，没有太多的器材或场地要求，方便在有限的时间和空间内进行的项目，如广播操、视力操、徒手操等；建议课间体育活动持续时间在10～15 min，运动负荷不宜过大，最高心率控制在150次/min。

四、课外体育活动

课外体育活动的目的是让学生养成健康的生活习惯和良好的人际交往方式，以及提高参与体育锻炼的兴趣，为学生的全面发展打下基础。在选择运动项目时，可根据学生的兴趣爱好，学校或社区资源，个人运动能力和体质健康水平及教练员指导与否等情况综合选择。建议课外体育活动持续时间在1 h左右，运动负荷可适当提高，最高心率控制在180次/min。

第四节　运动训练和比赛期的医务监督

医务监督在运动训练和比赛期间起到至关重要的作用，可保证运动员在安全、健康的状态下进行运动，提供及时的医疗和紧急救援，预防伤病并促进康复。

一、自我监督

（一）自我监督的概念与意义

自我监督是指体育运动参与者在训练和比赛期间通过自我观察和自我检查的方式，记录和分析健康状况、身体反应、功能状况与比赛成绩（表2–4–1）。自我监督是体格检查的补充，也是评估运动负荷和预防过度训练以及运动性伤病的有效措施。因此，自我监督是确保运动员在不受伤害和无疾病的前提下，最大限度地发挥运动能力的关键要素。在运动训练和比赛期间，注重自我监督不仅是医务监督的必备条件，更是加强运动员管理的重要任务。

表2–4–1　自我监督表

项目		主观感觉/客观指标
主观感觉	精神状态	○优　○良　○差
	运动心情	○优　○良　○差
	不良感觉	○无　○有 ○肌肉酸痛　○心悸　○头晕　○头痛　○恶心　○呕吐
	睡眠质量	○优　○良　○差
	食欲	○优　○良　○差
	排汗量	○大量　○较多　○正常　○较少
客观检查	晨脉	次/min　○规律　○不规律
	体重	kg
	运动成绩	○稳步提升　○稳中有降　○基本保持不变
	背力	kg
	肺活量	mL
	握力	kg

(二)自我监督的内容与方法

1.主观感觉

(1)精神状态。精神状态是反映运动员整体身体健康水平和中枢神经系统功能的标志。当身体健康良好时,运动员会感到精神饱满、心情愉快;而当状态不佳时,则可能出现精神不振、疲倦等不良感受;也可能精神状态一般,但没有明显不良的现象。根据运动员的精神状态,可以将其分为优、良、差三类。

(2)运动心情。当运动员的运动心情良好时,会表现出充满热情地参与运动,并有持续的动力和明确的目标参与运动及在运动过程中感到愉悦。然而,当运动员的运动心情不佳时,会表现出由于疲劳或早期过度训练所致的缺乏动力,注意力分散及自信心下降等消极情绪。根据运动员的运动心情,可以将其分为优、良、差三类。

(3)不良感觉。不良感觉是指在运动训练或比赛后,运动员经历的正常的生理反应,包括肌肉酸痛、关节疼痛等,经过适当的休息后会逐渐消失。但是,如果伴随头痛、胸闷、气喘、恶心、呕吐等症状,则意味着运动负荷过大或运动员存在健康问题。根据运动员的不良感觉状态,可以将其分为有或无两类。

(4)睡眠质量。健康运动员通常拥有良好的睡眠质量,充足而高质量的睡眠对于身体恢复、健康维持和运动表现至关重要。然而,当运动员在训练后出现失眠、易醒、多梦、嗜睡或睡醒后精神不佳等问题,这可能表明健康状况不佳或对运动负荷量不适应。根据运动员的睡眠质量状态,可以将其分为优、良、差三类。

(5)食欲。在运动训练期间,健康的运动员有着较高的能量需求和良好的食欲。如果在正常进食期间,出现食欲减退的情况,表明运动员可能健康状况不佳或存在过度训练的现象。根据运动员的食欲状态,可以将其分为优、良、差三类。

(6)排汗量。在适宜的外界条件和适当的运动负荷量下,优秀运动员表现出出汗量的异常增加;安静状态下出汗,甚至是夜间盗汗,可能是过度训练或疲劳过度的现象。根据运动员的排汗量情况,可以将其分为大量、较多、正常、较少四类。

2.客观检查

(1)晨脉。晨脉是在早晨清醒、静卧、起床之前测得的每分钟的脉搏次数,晨脉常被用以评估运动员的训练水平和身体机能状况,晨脉次数会随着训练水平的提高,呈现出缓慢下降的趋势。如果晨脉超过平时并增加12次/min以上,表示身体机能状况可能不佳,例如睡眠质量不佳或患有疾病等。另外,如果晨脉长期处于较高水平,可能与过度训练相关。

（2）体重。在自我监督过程中，可以长期监控体重，并每天或每周进行1～2次的体重测量。在训练期间，体重的变化通常会呈现一定的趋势。一般而言，刚开始进行系统训练的1～4周内，体重可能会下降；接下来的第5～6周，体重可能会保持相对稳定；然后逐渐稳中有升。如果体重持续下降，可能的原因包括过度训练、营养摄入紊乱、身体机能不良或患有消耗性疾病等。如果体重持续上升，可能的原因包括青春期生长发育、营养摄入过多或使用外源摄入的类固醇等。

（3）运动成绩。在合理的运动训练过程中，如果运动员的运动成绩稳定上升，这属于良好的迹象；如果运动成绩保持不变，则可能是运动训练方案存在问题；如果成绩下降或动作协调性受到破坏，这可能是身体机能状况不佳或早期过度训练所致。根据运动员的运动成绩，可分为稳步提升、稳中有降、基本保持不变三类。

二、运动训练医务监督的常用指标

在运动训练过程中，常常需要定期进行机能评估，及时了解运动员的生理机能状况，以便确定适当的训练计划和调整训练方案。运动训练医务监督的常用指标如下。

（一）心率或脉搏

1.安静心率

一般情况下，成年人的安静心率在每分钟60～100次之间。如果安静心率超过100次/min，则称为心动过速，常见原因包括心脏疾病、甲亢和发热等。对于运动员而言，心率超过正常范围可能与身体功能不良、过度疲劳或过度训练的早期阶段有关，优秀运动员的安静心率可能会比普通人稍低。

2.运动后心率

运动后心率是指在体育运动或其他形式的身体活动结束后所测得的心率。它是衡量运动期间和运动结束后心血管系统适应能力的指标。运动后心率评价指标可分为运动后的即刻心率和心率恢复速度两类，可以部分反映出运动量和运动耐力水平。较快的心率恢复速度通常是健康优秀运动员的特征，表明他们具有较好的心血管适应能力和运动耐力。反之则表示运动员的心血管系统存在问题或者运动耐力不佳。

（二）血压

1. 基础血压（晨血压）

通常情况下，正常成年人的收缩压范围是 90 ~ 140 mmHg，舒张压范围是 60 ~ 90 mmHg，大多数运动员的血压通常在正常范围的下限内。如果基础血压短时间内超过正常值，或者基础血压比平时高 20% 以上，这可能是过度训练或身体机能下降的表现。而青少年的血压异常可能是由于神经或内分泌的变化所致。如果血压低于正常值，可能是心肌收缩力下降、脱水导致血容量减少或外周血管扩张等原因所致。

2. 运动中血压

运动中血压是指在运动期间，人体动态变化的血压水平。在运动开始时，收缩压可能会随着运动强度的增加而升高，舒张压通常会有所下降。随着运动的持续，舒张压可能会恢复到基础水平或稍微升高。运动中血压变化和运动后恢复时间可以用来评价运动强度。

（三）布兰奇心功指数

布兰奇心功指数是一种衡量心脏负荷的指标，可以通过安静时的心率和血压计算得出。计算公式为：

$$\text{布兰奇心功指数}=\frac{\text{心率}\times(\text{收缩压}+\text{舒张压})}{100}$$

布兰奇心功指数可以对心脏负荷进行初步评估，指数在 110 ~ 160 范围内被认为是正常的心脏负荷水平；当指数超过 200 时，可能表示心脏负荷过高或患有心血管疾病。

（四）蛋白尿

健康人的尿液中无蛋白或含有微量蛋白，剧烈运动可能导致一次性的蛋白尿，称之为运动性蛋白尿。一般情况下，运动性蛋白尿会在运动后数小时至 24 h 内恢复正常。如果在运动后经过适当的休息和调整运动负荷后，尿液中的蛋白质水平下降，这表明可能是训练负荷过大或者身体机能不良所导致的运动性蛋白尿。在这种情况下，建议适当降低运动强度，调整训练负荷，并密切关注身体反应。如果经过休息和运动负荷调整后，尿液中的蛋白质水平仍未下降，甚至在不进行运动时仍有蛋白尿存在，那可能是病理性蛋白尿，应该停止运动，并咨询医生进行进一步的医学检查和评估。

(五)血红蛋白

血红蛋白是一种存在于红细胞中具有携氧功能的含铁蛋白质。血红蛋白分子能够与氧气紧密结合在肺部形成氧合血红蛋白,然后在体内将氧气输送到各个组织和器官,促进正常的细胞代谢和生理功能。中国成年人的血红蛋白的正常水平为男子在120～160 g/L之间,女子在110～150 g/L之间。在训练期间,如果运动员的血红蛋白水平保持在正常范围内,且运动成绩有所提高,表明身体机能状态良好。如果血红蛋白水平低于正常范围,则可能出现运动性贫血,表明身体机能状况不佳,并且可能与过度疲劳或过度训练有关,在这种情况下,可以通过调整训练计划和膳食等方式改善身体机能状况。

(六)最大摄氧量

最大摄氧量是评估有氧极量运动时最大心肺功能的指标。最大摄氧量的正常范围为男性50～55 mL/(kg·min),女性40～45 mL/(kg·min),这个值因个人体质而异。当发生过度训练或过度疲劳时,最大摄氧量会下降,从而导致运动成绩下降。在训练期间,当新运动员的最大摄氧量在稳步提升时,表明训练计划安排得当。

(七)肺活量和最大通气量

肺活量和最大通气量是反映肺通气功能的两个重要指标。肺活量是指在一次最大吸气和最大呼气后,肺部吸入或呼出的最大气体量。可通过5次15 s内连续肺活量测试,了解运动员的呼吸机能水平。如果数值较大,或5次肺活量测量结果基本保持恒定或逐渐增加,表明运动员的呼吸机能良好;如果出现数值减少,或5次结果逐渐下降,则表明呼吸机能不良。

最大通气量是指在最大努力下,单位时间内用力快速吸入或呼出的气体体积,最大通气量可反映机体连续换气能力。运动后的肺活量和最大通气量明显减少,或在恢复期逐渐下降,表明运动负荷过大或身体机能异常;运动后的肺活量和最大通气量稳步上升,表明训练方案和运动负荷适当,且运动员的身体功能良好。

三、比赛期的医务监督

（一）赛前医务监督

1.赛前健康检查

为了确保运动员的健康和安全，运动员在赛前需要接受健康检查。健康检查的主要目的是了解运动员的整体健康状况和身体功能，以及及时解决运动员出现的各种健康问题，如发烧、感冒、腹泻及未治愈的运动性伤病等。中长跑项目的参赛运动员在赛前必须进行严格的健康检查，其中心血管系统的检查尤为重要。运动员若存在运动性伤病或身体异常情况，通常不允许参加比赛。赛前的健康检查有助于确保运动员的健康和安全，排除潜在的健康风险，这对于运动员的健康以及比赛的公平性和安全性都具有重要的意义。

2.赛前组织管理

医务人员应协助体育教练员完成比赛程序的组织编排工作。在制定比赛计划和日程时，应考虑气候等因素的影响。同时，安排竞赛项目和比赛程序时应考虑运动员的年龄、性别、生理和心理特点，竞赛项目还应按照性别和年龄进行分组。为确保运动员的身体健康，每位运动员每天参加的比赛项目不宜过多。此外，各项比赛之间要有充足的休息时间，以便运动员有足够的恢复和调整时间。

3.赛前准备工作

赛事组委会需要检查比赛场地、设备的安全和卫生条件，确保其符合比赛的要求。此外，还要检查运动员的服装和运动鞋是否符合规定。在赛前，教练员需要督促运动员进行充分的准备活动，以提高竞技状态。同时，需要做好膳食管理工作，为运动员提供适宜的饮食，以满足他们的能量和营养需求。为应对紧急情况，应配备医务人员并准备相关的急救药品和设备，以便可以及时处理运动员可能出现的伤病情况，确保他们的安全。

（二）赛中医务监督

在比赛期间，赛事组委会应建立临时医疗急救站，以便及时发现和处理比赛中出现的常见伤病。对于严重伤病，应进行现场急救处理，并迅速将伤者送往医院接受进一步的治疗。为了满足参赛者的能量需求和补充体力，要确保比赛期间有充足的饮料供应。在膳食方面，要做好配餐工作，根据参赛者的需求提供合适的膳食。同时，要进行饮食卫生监督工作，确保食品安全和卫生，包括食品的购买、储存、加工和分发等环节的监管。

（三）赛后医务监督

在比赛结束后，赛事组委会应有针对性和选择性地进行体检，以发现运动员的任何异常情况。对于发现异常的运动员，应进行详细分析，找出原因并及时采取相应的处理措施。为帮助参赛者消除疲劳，可以采用多种方法，包括提供恰当的休息时间和休息环境，推荐适当的伸展运动、按摩或康复训练，以促进身体恢复和疲劳消除。还可以鼓励运动员进行充分的休息和睡眠，以便快速恢复体力。在比赛结束后，赛事组委会也应注意运动员的营养补充，包括提供适当的饮食建议，建议运动员摄入适量的营养素和补充剂，以帮助运动员恢复身体状态。

（四）比赛期的特殊医学问题

1.体育运动中的兴奋剂概述

体育运动中的兴奋剂的定义并不仅限于具有兴奋功能的药物，还包括一系列在竞技体育中被禁止和限制使用的物质和方法，包括利尿剂、掩蔽剂、β-阻断剂等具有镇静功能的药物。同时，一些非药物物质也被视为兴奋剂，如毒品或其他未列入国家药物名单的合成物质等。此外，一些方法也被视为兴奋剂，例如血液回输以增强体内红细胞值等方法。

2.兴奋剂的类型

兴奋剂的类型包括刺激剂、麻醉镇痛剂、合成类固醇、利尿剂、激素类药物以及一些被禁用的技术手段，如血液兴奋剂（血液红细胞回输技术）、导管插入术和基因改良等。

3.兴奋剂的危害

使用兴奋剂是一种欺骗行为，严重违背体育道德和奥林匹克精神，破坏了运动竞赛的公平原则。更令人担心的是，使用兴奋剂会对人的身心健康造成直接的危害，而且许多有害作用要在数年或数十年之后才会逐渐显现出来，即使是医生也难以确定运动员使用兴奋剂后对身心造成的危害程度。主要危害包括以下几个方面：严重的性格改变、药物依赖、细胞和器官功能异常、过敏反应、免疫力下降以及感染疾病的风险增加(例如肝炎和艾滋病)。不同种类和剂量的禁用药物对人体的危害程度也各不相同。

(五)减轻体重或控制体重

1.减轻体重

运动员减轻体重是指他们在长期的训练过程中有目标、有计划地缓慢减少体重,主要是减轻体脂,或者在赛前的短期内快速减轻体重的过程。根据减轻体重的速度,可以将其分为快速减重和慢速减重。快速减重指运动员每周减重超过其体重的4%,或者短期内每天减重超过其体重的1%;慢速减重指运动员每周减重超过其体重的2%,但不超过其体重的4%。

2.控制体重

在某段时间内,运动员保持体重在一定范围内波动,通常每周波动不超过其体重的2%,这个过程称为控制体重。

3.减轻体重的措施

包括限制饮食、限制饮水、增加运动、通过发汗来失水等。一些不安全的减轻体重措施包括使用利尿剂、泻药脱水、自我催吐、服用食欲抑制剂、完全禁食等。

4.减轻体重的注意事项

(1)渐进式减重是适宜的,每周减重1 ~ 3 kg;(2)在减重期间,饮食应以高蛋白、低热能为宜,并摄入足够的维生素和无机盐;(3)每天水分摄入应控制在2000 mL左右;(4)减重过程需要医务人员进行严密监督,动态监测身体状况。

(六)人工调节月经周期

人工调节月经周期是指人为改变月经周期,以推迟或提前月经来潮的方法。(1)适用对象:在重要比赛前期,若在月经期身体出现不适反应、竞技能力下降或存在某些心理障碍的女子运动员。(2)调节方法:口服或注射雌激素类药物。(3)注意事项:①必须在医生的指导下进行;②初潮不久的女少年不宜使用该法;③需要密切观察月经变化和身体反应;④一年内的应用次数不应超过2 ~ 3次。

第五节　运动性疲劳的医务监督

运动引起的疲劳是人体重要的生理保护机制,也是适应性变化的基础。过度训练和不科学的个性化管理可能导致生理和心理疲劳的发生。因此,对运动性疲劳进行监督,可以了解身体对运动量的适应状况,有利于合理安排训练,对确保身体的健康和安全极其重要。

一、运动性疲劳概述

(一)概念

运动性疲劳是指在长时间的运动后,人体的工作能力和身体机能暂时降低的现象。在1982年第五届国际运动生物化学会议上,运动性疲劳被定义为“机体生理过程无法继续在某一特定水平上进行,或者无法维持预定的运动强度”。运动性疲劳是运动训练过程中常见的生理现象。然而,如果疲劳没有得到及时恢复,导致疲劳积累,就可能发展为过度疲劳,从而危害健康,使运动性疲劳演变成一种病理现象。

(二)疲劳的分类

根据疲劳发生的部位,可以将疲劳分为全身性疲劳和局部疲劳;根据疲劳发生的机理和表现,可以将疲劳分为中枢性疲劳和外周性疲劳。

1.中枢性疲劳

中枢性疲劳是指疲劳发生在大脑至脊髓的部位,当出现中枢性疲劳时,呼吸中枢兴奋性异常,运动神经元的兴奋性发生改变,神经冲动频率降低,肌肉的工作能力下降;中枢性疲劳也会导致脑细胞中的ATP、磷酸肌酸(CP)水平显著降低,血糖含量下降,γ-氨基丁酸含量升高,尤其是5-羟色胺升高,多种酶活性降低,ATP再合成速率下降,从而造成肌肉工作能力下降,引发疲劳。

2.外周性疲劳

外周性疲劳是由于神经、肌肉传递或肌肉兴奋—收缩耦联障碍或通气阻力增加等引起的疲劳现象,涉及以下结构:神经肌肉接点、肌细胞膜、肌质网、线粒体和收缩蛋白。

(三)运动性疲劳的发病机制

随着运动生理学的发展,人们对运动性疲劳产生机制的认识已经从单一的能量消耗或代谢产物积累转向了多因素、多层次、多环节的综合作用。传统的单一因素致疲劳理论逐渐被更加综合的疲劳理论所取代。综合性的疲劳理论涉及能量消耗、代谢产物、内环境失调及中枢疲劳等,有助于人们更全面地理解疲劳的复杂性,其中最具代表性的理论有以下几种。

1.衰竭学说

衰竭学说认为,运动性疲劳的产生是体内能源物质的消耗导致的。然而,不同运动条件下疲劳的发生与能源物质的消耗有所差异。在短时间、高强度运动过程中,肌肉中的ATP、CP等高能磷酸物质含量的降低与运动疲劳直接相关。尤其是CP的过度消耗对于短时间、高强度运动疲劳的影响更为显著。在出现疲劳状态时,肌肉中的CP含量仅相当于运动前的20%左右。而在中等强度、长时间运动过程中,血糖水平下降和骨骼肌糖原的减少是大脑皮质和骨骼肌工作能力下降的直接原因,从而引发运动性疲劳。而在超长时间的运动过程中,作为能源供应商的脂肪的含量下降成为导致运动性疲劳的主要因素之一。

2.堵塞学说

堵塞学说认为,运动性疲劳的产生是由于特定产物在肌肉组织中的积累所致,包括乳酸、二氧化碳和酮酸等。其中,乳酸是目前研究最广泛的致疲劳物质,乳酸的积累可以通过多种途径引发运动性疲劳。

3.内环境稳定性失调学说

内环境稳定性失调学说认为,在运动达到一定程度时,人体会发生一系列变化,如血液pH值下降、细胞外液水分和离子浓度改变,以及血浆渗透压变化。这些变化会导致机体内环境的稳定性失调,从而引发运动性疲劳。

4.保护性抑制学说

保护性抑制学说认为无论是体力疲劳还是脑力疲劳,都可以视为大脑皮质保护性抑制的结果。在高强度或长时间的工作过程中,大脑皮质处于高度兴奋的状态,脑细胞的活动强度明显增加,导致大脑皮质的工作能力下降。为了防止进一步损耗脑细胞,大脑皮质会从兴奋状态转变为抑制状态,这种抑制被称为保护性抑制。

二、判断运动性疲劳程度的简易方法

(一)主观感觉判断运动性疲劳程度

通过观察运动员在运动过程中的自我感觉、面色、排汗量等表现可以评估运动员的疲劳程度(表2-5-1)。此外,我们还可以使用主观运动感觉等级表(RPE,表2-5-2)以指示自我感觉的等级,并通过这个等级来判断疲劳程度。另外,如果将RPE的等级数值乘以10,得到的结果可以用来估计完成运动负荷所需的心率,这种方法可以帮助我们更加客观地评估运动性疲劳程度。

表2-5-1　运动性疲劳评价标准

程度	○轻度疲劳　○中度疲劳　○重度疲劳
自我感觉	○无任何不适　○疲乏、腿痛、心悸　○除疲乏、腿痛、心悸外,还有头痛、胸痛、恶心,甚至呕吐等,有些征象存在时间较长
面色	○稍红　○相当红　○十分红或呈苍白、蓝紫色
排汗量	○不多　○稍多,特别肩带部分　○非常多,尤其躯干部,在额部及汗衫和衬衣上可出现白色盐迹
呼吸	○中等加快　○显著加快　○显著加快,并且表浅(少数有深呼吸出现),有时呼吸节奏紊乱
动作	○步伐轻稳　○步伐摇摆不稳　○摇摆现象显著,在行进时掉队,出现动作不协调
注意力	○能正确执行口令　○执行口令不准确　○执行口令缓慢,只有大声口令才能接受;能正确执行指示,但改变方向时有时发生错误

表2-5-2　主观运动感觉等级表

等级	主观运动感觉
6	安静
7	非常轻松
8	
9	很轻松
10	

续表

等级	主观运动感觉
11	轻松
12	
13	稍费力
14	
15	费力
16	
17	很费力
18	
19	非常费力
20	

(二)客观检查判断运动性疲劳程度

1.骨骼肌指标

肌肉力量和肌电图等指标可以全面地评估骨骼肌的疲劳程度。疲劳时的肌电图表现为振幅增大、频率降低以及电机械延迟(EMD)延长。EMD是指从肌肉兴奋产生动作电位开始到肌肉开始收缩所花费的时间,如果EMD延长,则说明神经肌肉功能下降。此外,疲劳时积分肌电图(IEMG)和均方根振幅(RMS)会增加,而中心频率(FC)和平均功率频率(MPF)则会降低。综合考察这些指标,我们可以更全面地评估骨骼肌的疲劳程度。

2.心血管系统指标

观察和分析心血管系统指标的变化,可以更准确地评估疲劳程度,常用的心血管系统指标包括心率、心电图和血压。心率是评估疲劳程度最简单的指标之一,在疲劳时,基础心率、运动中心率以及运动后恢复心率都会比平时相同情况下有所增加。疲劳时可以观察到心电图的S-T段下降,T波可能出现倒置。另外,血压也可以用来评估疲劳程度,在晨间,疲劳时血压会升高约20%,而在运动中脉压差的增幅则减小。

3. 神经系统指标

膝跳反射阈值、反应时和血压体位反射等指标可用于判断和分析疲劳程度。膝跳反射阈值的判断方法是观察阈值的变化情况，在疲劳时膝跳反射阈值会升高。反应时的判断方法是观察反应时的变化情况，在疲劳时反应时会延长。血压体位反射的测定方法是先让受试者坐位静息 5 min，然后测量安静时的血压；接着让受试者仰卧 3 min，然后扶起受试者使其被动坐起，并立即开始每 30 s 测定一次血压，连续测 2 min。如果在 2 min 内血压完全恢复，说明没有疲劳；如果恢复一半以上，为轻度疲劳；如果完全不能恢复，为重度疲劳。

4. 感觉机能指标

观察和分析皮肤空间阈和闪光融合频率，可以更准确地评估疲劳程度。皮肤空间阈指的是两点触觉的阈值。在运动后，皮肤空间阈（两点阈）较安静时增加 1.5 ~ 2 倍，可判定为轻度疲劳；增加 2 倍以上，则可判定为重度疲劳。闪光融合频率测定方法：受试者坐位，注视频率仪的光源，逐渐调节光的亮度，直到光闪烁变得明显断续，即所测得的临界闪光融合频率。测量 3 次，取平均值。根据闪光融合频率来判断疲劳程度：轻度疲劳时，闪光融合频率较正常值减少 1.0 ~ 3.9 Hz；中度疲劳时，减少 4.0 ~ 7.9 Hz；重度疲劳时，减少 8 Hz 以上。

三、消除运动性疲劳的方法

为了尽快恢复运动中消耗的物质和器官系统下降的机能，以及快速消除运动中产生的代谢产物，避免疲劳积累发展为过度疲劳，通常可以采用以下方法消除运动性疲劳。

1. 充分的整理活动

为了消除疲劳并促进体力恢复，进行整理活动是一种有效的措施。整理活动包括慢跑、呼吸体操和各肌群的伸展练习。特别是在运动后进行伸展练习可以消除肌肉痉挛，改善肌肉血液循环，减轻肌肉酸胀和僵硬感，同时也有助于消除局部疲劳。

2. 充足的睡眠时间

睡眠被认为是消除疲劳和恢复体力的最佳方法之一。运动员应该确保充足的睡眠时间，通常每天不少于 8 ~ 9 h。在进行大量运动训练和比赛期间，睡眠时间应适当延长。对于青少年运动员来说，睡眠时间应该比成年运动员更长，每天必须保证 10 h 的睡眠。此外，运动员还应该安排适当的午休时间，一般为 1.5 ~ 2 h。

3. 合理的营养摄入

运动过程中消耗的能量和营养需要通过饮食补充。在运动训练和比赛后，合理的营养摄入对于促进体力恢复和消除运动性疲劳非常重要。为了有效消除运动后的疲劳，根据运动项目的特点，应该合理补充以下营养物质：糖类、蛋白质、维生素、无机盐和水等。

4. 按摩疗法

按摩是一种重要的消除运动性疲劳的措施。按摩的方式可以分为人工按摩、机械按摩、水力按摩和气压按摩等四种，其中人工按摩是最受运动员喜爱的疲劳缓解方法，且效果显著。可以根据运动员承受运动负荷的部位进行局部或全身的按摩。对于那些条件允许的运动员，还可以尝试使用带有振动功能的机械按摩、脉冲水力按摩和气压按摩等，这些方法对于放松肌肉、减轻肌肉酸痛和促进体力恢复也有着良好的效果。不论采用何种按摩方式，都能够促进血液循环、缓解肌肉紧张、恢复肌肉弹性，并为身心带来放松与舒适。运动后进行适当的按摩可以加速疲劳物质的排出，减少炎症反应，从而更好地恢复体力和提高运动表现。

5. 物理疗法

有许多种物理疗法可用于缓解运动性疲劳，局部热敷和温水浴是最简单有效的消除疲劳的方法之一。局部热敷是将热水袋或热毛巾等热源放在身体疲劳部位的一种物理疗法，热敷的温度应控制在47 ~ 48 ℃，持续时间约为10 min。热敷可以促进血液循环，放松肌肉，减轻炎症反应，从而帮助恢复体力和缓解疲劳感。温水浴是将疲劳的身体部位浸泡在适温的水中进行浴疗，水温控制在40 ℃左右，每次浸泡的时间可以控制在15 ~ 20 min。温水浴可以通过热能的传导和浮力的作用，舒缓肌肉紧张，减少关节压力，促进血液循环和新陈代谢，有助于疲劳物质的排出和恢复体力。

6. 氧气及负氧离子吸入疗法

在运动员训练和比赛后，肌肉组织和血液中会积累大量酸性代谢产物。利用高压氧舱，在2 ~ 2.5个标准大气压下（202.65 ~ 253.31 kPa）吸入高浓度氧气，可以增加血液中的氧气含量，降低二氧化碳浓度，提高pH值，增加组织的氧气储备，有助于还清氧债。这对于缓解训练和比赛所引起的极度疲劳，如肌肉酸痛、僵硬和酸碱平衡失调等有显著效果。

7.药物疗法

为了加快缓解运动性疲劳,可以适当地服用一些药物或补品。黄芪、刺五加、人参、三七以及维生素C、维生素B_1等被认为有助于恢复体力和减轻疲劳感。另外,蜂王浆、鹿茸等也被认为具有养血补气、增强体力和消除疲劳的作用。

8.心理疗法

运动性疲劳不仅仅包括身体上的疲劳,还存在心理上的疲劳。因此,在运动后采用心理调整、自我暗示、放松训练和气功等心理恢复方法可以调节大脑皮质的功能,减少紧张情绪并放松肌肉等,对缓解运动性疲劳有良好的效果。

第六节 运动性疾病的医务监督

运动性疾病是由于体育运动负荷过大或训练、比赛安排不当,导致机体各器官和系统的功能紊乱或发生病理改变而引发的疾病。这些疾病可能对运动员的成绩、运动生涯和身体健康产生负面影响,甚至可能危及生命。因此,监督运动性疾病的发病规律,及早诊治并采取有效的措施进行预防,不仅可以保证运动训练、比赛和体育教学的顺利进行,提高运动员的运动成绩,延长运动寿命,还能保证体育运动参与者的身心健康。

一、过度训练

(一)过度训练的定义

过度训练是一个在全球体育界广泛使用的术语,但对其确切和普遍接受的定义尚未达成一致。我国的专家认为,过度训练是指运动负荷超过机体适应能力,导致在训练后疲劳长期不能消除,反复积累的功能紊乱或病理状态,或者是疲劳伴随着健康损害的状态。

(二)发病原因和机理

1.发病原因

过度训练的出现可能是由以下原因引起:(1)日常训练不合理。教练员或体育教师没有按照循序渐进的原则安排训练内容,过度进行长时间高负荷的训练;没有根据个体的特点进行差异化的训练;忽略了季节和气候等因素,没有对训练计划进行适度调整;在运动参与者伤病未完全康复的情况下进行正常的训练。(2)比赛安排不当。包括赛前训练不充分,连续比赛缺乏足够的休息时间,在伤病未完全恢复的情况下过早参加训练或比赛等。(3)其他因素。运动参与者生活方式不规律、营养不良、心理压力过大等,都会导致身体机能下降,从而引发过度训练。

2.发病机理

过度训练的发生可能是由于神经系统过度紧张所致,可能破坏了兴奋和抑制过程的平衡性,导致皮层和皮层下功能出现紊乱。此外,神经体液调节功能的紊乱或体内应激系统出现一定程度的“衰竭”,或免疫系统功能下降也可引起过度训练。

(三)症状与体征

国内知名的运动医学专家浦钧宗等人将过度训练的主要症状总结为:在早期,主要表现为身体机能的障碍,以神经精神症状为主。这些症状包括睡眠障碍、头痛、头晕、记忆力下降、情绪改变(如烦躁、易怒、缺乏训练欲望)等,类似于神经症,被称为"特殊神经症"。此外,还可能出现胸闷、心悸、气短、食欲不佳、恶心、呕吐、腹胀等症状。在晚期,除了机能紊乱外,还可能出现形态学的改变,表现为早期症状加剧,出现更多的异常体征和异常的指标。此时,可能出现体重下降、异常体征、机能试验反应异常、血红蛋白下降、血乳酸增加、尿蛋白增多等情况。

(四)诊断

在过度训练的诊断方面,目前尚缺乏特异性的诊断方法,可以综合考虑以下几个方面来进行诊断。(1)是否存在过度训练史。了解运动员的训练强度、频率和持续时间等信息,以判断是否存在过度训练的可能性。(2)是否出现自觉症状。询问运动员是否出现与过度训练相关的症状,如身体疲劳、睡眠障碍、情绪变化等。(3)对训练的反应。观察运动员在训练过程中的反应,包括训练适应性、恢复能力和持续改善等指标的表现情况。(4)体征的变化。通过身体检查和相关检验,检测是否存在体征和生理指标的异常变化,如心率、血压、体重、血红蛋白等是否发生异常变化。

(五)处理方法

早期发现过度训练一定要及时处理,处理原则是尽早消除病因并进行对症调整。以下是几种常用的处理方法:(1)调整训练计划。减少运动负荷量并降低运动强度,合理安排训练计划,避免过度训练。(2)安排充足的休息时间。确保充足的休息和睡眠时间,帮助身体恢复和修复受损组织。(3)增加营养补充。增加营养的摄入,包括蛋白质、维生素和矿物质等,以满足身体的需求。(4)调整训练方式。对于病情严重的患者,暂停专项训练和比赛,及时调整训练方案。(5)放松练习。包括温水浴、按摩、医疗体育等放松方法,帮助缓解肌肉紧张和恢复身体状态。(6)药物治疗。在医生的指导下,并在必要的情况下,可能会使用一些药物来帮助缓解症状,例如镇静剂等。

(六)预防措施

过度训练综合征是指长期、过度的训练引起的身体和心理疲劳累积,可能导致身体功能下降和过度疲劳的状态。以下是预防过度训练综合征的几种措施:(1)制定合理的训练计划。根据运动员的目标和个人能力制定合理的训练计划，逐渐提高运动强度和增加运动量，避免突然或过度追求速度和强度。(2)在进行高强度训练或参加比赛后，需要积极采取措施以促进身体的恢复，例如保证充足的睡眠和营养摄入。(3)在受伤后进行恢复训练时，应该采取渐进的方式，并加强医务监督。(4)密切观察运动员的身体状况和训练反应，以便及时采取适当的措施来预防过度训练综合征。

二、运动性晕厥

(一)运动性晕厥的定义

运动性晕厥是由于运动引起脑部暂时性供血不足或血中化学物质变化导致的意识短暂丧失。

(二)发病原因与机理

1.血管扩张性晕厥

运动性晕厥通常是由于情绪过度激动、惊吓、恐惧、悲伤或触发不良刺激(如目睹出血)而引发的神经反射性血管扩张，造成血压下降和暂时性大脑缺氧现象。

2.直立位低血压性晕厥

长时间的久蹲或长期卧床后突然改为站立时，肌肉泵和血管调节功能出现失调，导致回心血量减少，血压下降，出现暂时性的缺血现象。

3.重力性休克

当疾跑后突然停止并保持站立不动时，由于下肢血管失去了肌肉收缩对其产生的节律性挤压作用，再加上血液本身受重力影响，大量血液在下肢积聚，回心血量减少并导致心脏输出量下降，脑部暂时供血不足和缺氧而发生昏厥的现象。

4.胸腔内压和肺内压增高

当吸气后憋气时，胸腔内压和肺内压会升高。由于这种升压，回心血量减少并导致心输出量下降。随着心输出量的减少，脑部供血不足，可能发生一过性脑缺血，进而引发休克的症状。

5. 低血糖

低血糖是指血糖浓度低于正常范围，表现为饥饿感和神经系统症状。当血糖过低时，大脑无法得到足够的能量供应，会导致脑部功能受损，甚至可能导致晕厥。

6. 心肌缺血

心肌缺血是由冠状动脉供血不足引起的，一般是因为冠状动脉狭窄或阻塞。当心肌供血不足时，心脏的血液灌注量减少，导致心脏供氧减少、血压下降、脑部供血不足等，可能发生晕厥。

7. 中暑

中暑是由于过度暴露在高温环境下，身体无法有效散热而导致的热应激反应。中暑会引起体温升高、血容量减少和血液循环异常，进而影响脑部供血，可能导致晕厥。

（三）症状及诊断

当患者表现出以下症状时可以诊断为晕厥：在晕厥发生之前，由于脑部供血不足，患者可能出现全身软弱无力、头晕、耳鸣、眼前发黑、面色苍白、出冷汗等症状。当昏厥发生后，意识会丧失，手足会感到发凉，心率可能上升或保持正常，血压可能下降或保持正常，呼吸可能加快或减弱。一般而言，晕厥只会持续数秒，但对于年长者来说，可能会持续3～4 h。恢复清醒后，患者可能会感到头痛、头晕、乏力，还可能伴有恶心、呕吐等症状。

（四）处理方法

1. 常规处理

在处理晕厥的过程中，可以采取一些常规措施。(1)采取平卧位或头低脚高位，松解患者的衣物，进行双下肢向心性推摩或揉捏，促进血液回流至心脏和大脑，以维持血液循环。(2)可以尝试针刺或掐揉人中、百会等穴位，帮助刺激神经系统，促进意识恢复。

2. 对症处理

根据不同的症状，进行对症处理。(1)中暑。将患者迅速转移到阴凉通风处，并迅速降低体温，可以使用冷水擦拭患者身体，补充液体，如葡萄糖、生理盐水等。(2)呕吐。如果患者有呕吐，应将头部转向一侧，以防止呕吐物堵塞呼吸道，确保呼吸顺畅。(3)呼吸停止。如果患者呼吸停止，应进行人工呼吸以维持呼吸功能，可以使用心肺复苏技术中的口对口或口对鼻方式进行人工呼吸帮助患者恢复呼吸。(4)心跳停止。如果患者心跳停止,应立即进行胸外心脏按压,以保持血液循环。

(五)预防措施

以下是预防运动性晕厥的几种有效措施。(1)积极进行规律的科学训练,同时保持规律的体育锻炼,有助于增强心脏功能和适应能力。(2)进行适当的身体检查是参与训练或比赛的前提条件,这可以帮助发现潜在的健康问题,并及时采取必要的措施。(3)避免饥饿和空腹时参加运动,确保在适当的时间进食,保证身体有足够的能量来支持运动。(4)当从久蹲的姿势中起立时应缓慢站起来,剧烈运动后应缓慢减速停下来,以免血压突然下降或心脑供血不足导致晕厥的发生。(5)避免在高温和高湿度的环境下长时间进行运动,避免过度出汗和脱水,失水过多会导致血容量减少,增加晕厥的风险。(6)运动后不宜立即洗澡,可以先稍事休息,平稳恢复呼吸和心率,让身体逐渐恢复到正常状态后再洗澡。(7)在进行长时间或长距离运动时,要及时补充糖分、盐分和水分,以补充身体所需的能量和电解质。(8)当有晕厥的预兆出现时,迅速卧倒,保持平躺姿势,可以降低血流到下肢的压力,维持大脑血液供应。

三、肌肉痉挛

(一)肌肉痉挛的定义

痉挛是肌肉在受到刺激或干扰时,产生不自主的持续性、强烈的肌肉收缩。这种收缩可能会导致肌肉僵硬、疼痛和功能受限。腓肠肌和足底屈肌是常见的痉挛发病部位,可能与过度使用、锻炼不适当、电解质失衡或神经传导紊乱等因素有关。

(二)发病原因与机理

(1)寒冷刺激。寒冷环境中的刺激可以引发肌肉的神经兴奋,导致肌肉容易出现收缩或抽搐的现象。(2)电解质丢失过多。运动时大量排汗会带走体内的电解质,尤其是钠离子和氯离子,这会引起神经肌肉的兴奋性增加。(3)肌肉收缩与舒张失调。当肌肉连续而强烈地收缩时,会导致肌肉的放松阶段变得非常短暂,从而使肌肉处于持续紧绷的状态。(4)肌肉疲劳。当肌肉经过长时间或高强度的收缩和舒张后,乳酸产生并逐渐堆积在肌肉组织中,导致肌肉更容易受到异常刺激并发生肌肉痉挛;此外,乳酸堆积也会导致神经冲动传递过度,使肌肉过度收缩并发生痉挛。

(三)症状表现

肌肉痉挛可以导致肌肉的僵硬和疼痛,并且可能会影响关节的屈伸活动。以下是肌肉痉挛的一些常见症状:(1)肌肉僵硬。痉挛会导致肌肉异常收缩和持续紧张,使得肌肉处于持续紧张状态,导致肌肉僵硬,这种肌肉僵硬可能会限制关节的正常活动。(2)肌肉疼痛。痉挛引起的肌肉异常收缩和紧张可能会导致肌肉组织受到牵拉和损伤,引起阵发性的疼痛感,可能是轻微的不适,或者是剧烈疼痛。(3)屈伸受限。当肌肉痉挛发生时,收缩肌肉可能会对关节的屈伸活动造成影响,导致肌肉无法松弛和伸展,出现暂时的活动受限。

(四)处理方法

肌肉痉挛的处理方法因个人情况和痉挛的严重程度不同而异。以下是一些常见的处理方法:(1)伸展和放松。慢慢用与肌肉收缩方向相反的力量牵引痉挛的肌肉,并保持每个伸展动作15~30 s,重复数次;这有助于缓解肌肉紧张和痉挛,并促进血液循环。(2)物理疗法。在初期,可以尝试在痉挛区域用热敷来缓解症状,热敷可以帮助放松肌肉,增加血液流动;也可以通过按摩或针灸等手段缓解肌肉痉挛。(3)管理痉挛诱因。避免或减少接触痉挛的触发因素,并保持适当的身体姿势和运动姿势,定期休息和适当的身体活动也是预防痉挛的重要措施。(4)饮食和补充剂。确保摄入足够的水分和电解质,特别是钙、镁和钾等,对防止肌肉痉挛很重要。

(五)预防措施

预防运动性痉挛的几种有效措施:(1)增强锻炼。通过提高体育锻炼的频率和强度,可以提高机体的适应能力。(2)做好准备活动。运动前进行充分的热身活动,帮助肌肉更好地适应运动,减少痉挛的风险。(3)按摩易痉挛肌肉。在运动前对容易痉挛的肌肉进行按摩,促进血液循环,减少肌肉紧张和痉挛的发生。(4)夏季运动时要补充足够的水分和电解质,冬季运动时要注意保暖。(5)在游泳前先用冷水淋湿全身,以适应冷水的刺激;在水温较低时,不要过久停留在水中或停止运动,以避免肌肉痉挛的发生。

四、运动性贫血

(一)运动性贫血的定义

运动性贫血指的是单纯由运动训练过程中生理负荷过大而引起的一种血液病理状态,表现出外周血液中单位容积的血红蛋白量和红细胞数低于正常范围的现象。正常成年人的血红蛋白范围为男性 120 ~ 160 g/L、女性 110 ~ 150 g/L，红细胞数的正常范围为男性 400 万 ~ 550 万/mm^3、女性 350 万 ~ 500 万/mm^3。我国对运动性贫血的诊断标准是成年男性血红蛋白低于 120 g/L，成年女性低于 105 g/L，14 岁以下男女低于 120 g/L。

（二）发病原因与机理

1. 血浆稀释引起相对贫血

血浆稀释是一种导致相对贫血的原因，即血液中的血浆量相对增加，导致血液中的红细胞比例相对减少。

2. 溶血和红细胞破坏增加

剧烈运动会引起体温升高、血酸度增加以及儿茶酚胺分泌增多等生理变化。这些变化可能会引起红细胞的滤过性和变形性改变，进而增加红细胞的脆性。此外，剧烈运动会导致肌肉收缩和血流加快，这会导致血管受到挤压，进而增加红细胞与血管壁之间的撞击和摩擦，从而导致红细胞的破坏增加。

3. 血红蛋白的合成减少

剧烈运动会导致大量蛋白质被消耗，从而增加了对蛋白质的需求量。如果蛋白质摄入不足，将会影响血红蛋白的合成，引发贫血。此外，剧烈运动容易导致铁的流失，也可影响血红蛋白的合成，导致贫血。铁流失的主要途径包括剧烈运动后的大量的排汗，女性运动员在月经期排出，运动员在耐力型运动后出现的运动性血尿，以及由胃肠道丢失。

（三）临床表现

轻度贫血通常没有明显的症状。中度和重度贫血的主要症状包括头晕、眩晕、头痛、乏力、疲倦、记忆力下降和食欲减退等。在运动过程中或运动后可能会出现心悸、呼吸急促、心跳加快的情况，而且运动成绩逐渐下降。在体检时，可能观察到皮肤、黏膜和指甲苍白，静止时心率加快，心尖区可能会听到收缩期呼风样杂音，血液检查结果显示红细胞计数和血红蛋白水平低于正常范围。

（四）诊断

运动性贫血的诊断通常考虑以下几个方面。(1)运动性贫血多数出现在从事耐力项目的运动员中。(2)监测是否出现贫血的症状和体征，包括观察皮肤、黏膜和指甲是否苍白，听取心脏是否有杂音等。(3)为了让诊断更准确，可以减少训练或停止训练一个月，并确保摄入充足的蛋白质和铁，然后观察红细胞计数和血红蛋白水平是否上升。

(五)处理方法

运动性贫血的处理方法主要有以下几种。(1)对于由铁缺乏引起的贫血，治疗方法包括补充铁剂，增加富含铁、蛋白质和维生素C的食物摄入等，有助于改善贫血。(2)贫血患者在出现症状时，应适当降低运动强度和频率，这有助于避免贫血加重，并减少疲劳和乏力的发生。

(六)预防措施

预防运动性贫血的发生有以下几种有效措施。(1)逐渐提升运动负荷和运动强度。贫血患者在进行运动训练时，应选择适度的运动负荷和运动强度，并逐渐提升；避免骤然提升运动负荷和运动强度，以免对身体造成过大的负担。(2)充分的准备活动。在运动训练开始之前，充分进行全身的准备活动是至关重要的。这些活动包括热身运动、拉伸以及特定的力量训练，对提高关节灵活性、肌肉力量和身体适应能力很有效。(3)合理膳食。对于运动员而言，合理的生活方式和膳食至关重要，包括摄入充足的蛋白质和铁，建议每日摄入2 g/kg(体重)的蛋白质和0.2～0.3 g的铁。优质的蛋白质来源包括禽肉、鱼类、畜肉、蛋白粉和豆类等；富含铁的食物包括禽肉、畜肉、海带、豆制品和菠菜等。(4)定期进行体格检查，并通过血液检测结果来评估红细胞数量和血红蛋白水平，可以帮助及早发现贫血问题。

五、运动性血尿

(一)运动性血尿的定义

正常情况下，健康人的尿液中没有红细胞或只有少量红细胞；如果镜检发现每个高倍视野中有2个或更多的红细胞，被称为血尿。若健康人在运动后出现一过性血尿，经详细检查后未发现其他原因，称之为运动性血尿。运动性血尿多见于男性，在长跑、三级跳、足球、篮球、拳击等运动项目中较为常见，可能表现为肉眼可见的血尿或显微镜下的血尿，但通常患者更容易关注到肉眼可见的血尿。运动性血尿的发生受多种因素影响，包括运动项目、运动负荷和运动强度、身体适应能力以及外界环境因素等。

(二)发病原因与机理

1.外伤

在某些情况下,运动时肾脏受到挤压、牵拉甚至打击,可能会导致肾组织和血管的微小损伤,进而出现血尿和蛋白尿的症状。主要在一些典型的运动项目中出现,例如拳击、橄榄球等。

2.肾血流量减少

在运动过程中,肾上腺素和去甲肾上腺素的分泌会增加,这会导致肾血流量减少55%~60%,减少的血流量可能会导致肾脏出现缺血和缺氧的情况,使肾小球通透性增加,红细胞外溢,出现血尿的症状。

3.其他原因

(1)肾静脉压增高:长时间的蹬地动作所致。(2)泌尿系统器质性疾病。(3)运动不当。

(三)症状与体征

大多数出现运动性血尿的患者除了血尿症状之外,并无其他明显不适。一旦停止运动,血尿症状往往迅速消失。据统计,约有95%的运动性血尿患者在3 d内恢复正常,最长不超过7 d。部分运动性血尿的患者可能会出现全身乏力、头晕、肢体沉重感等症状,并偶尔感觉腰部不适。这些伴随症状通常发生在镜下血尿的运动员身上;患者在出现上述症状后应前往医院就诊,经过诊断后方可确认是否为运动性血尿。

(四)诊断

运动性血尿的诊断通常考虑以下几方面。(1)当患者进行剧烈运动后,特别是高强度的有冲击性或振动性运动,可能会突然出现血尿。(2)运动负荷越大、运动强度越高,血尿的严重程度可能会相应提高。(3)运动性血尿患者除了出现血尿症状外,通常没有伴随尿痛、尿频、发热等其他症状和体征。(4)患者的血液化验、肾功能检查、腹部X线检查以及肾盂造影等检查的结果均显示正常。

(五)处理方法

运动性血尿的处理方法主要包括以下几个。(1)在运动后出现肉眼可见的血尿,无论运动员是否有不适症状,一般应暂时停止运动。通常情况下,血尿会自行消失。

(2)出现镜下血尿的患者,可以通过减少剧烈的跑步、跳跃等高冲击性动作,并进行后续观察,一般情况下,血尿会自行消失。(3)除了合理安排运动训练外,可以使用止血药物作为辅助治疗,包括口服维生素C、维生素K,或者服用中药,如生地、党参、板蓝根、白茅根、小蓟、竹叶等。此外,还可以考虑注射安络血、ATP、维生素B_{12}等药物。需要注意的是,由于运动性血尿的病因机制尚不完全清楚,药物治疗都属于对症治疗或试验性治疗。

(六)预防措施

预防运动性血尿的几种有效的措施。(1)遵守科学的运动训练原则非常重要,避免突然增加运动负荷和提高运动强度,尤其要注意合理安排全身和局部负荷,避免过度训练。(2)需要在剧烈运动过程中适当补充水分,进行充分的准备活动,赛前要进行体检。

六、运动性腹痛

(一)运动性腹痛的定义

腹痛是一种普遍存在的症状,尤其在运动训练和比赛期间,与胃肠道相关的问题经常出现,包括恶心、呕吐、腹痛、腹泻、便秘和出血等。其中,运动性腹痛是指由运动引起或诱发的腹部疼痛,特别在中长跑、马拉松、自行车、篮球、排球和体操等运动项目中更为常见,一般不伴随其他特异性症状。

(二)发病原因与机理

运动员在运动过程中呼吸节奏不良、突然加大运动强度或者长时间未排便等原因都可能引起运动性腹痛。

1.肝脏瘀血

肝脏瘀血的发生可能与运动中心血管功能不协调有关。开始运动时,由于准备活动不充分,突然加快速度和加大强度,导致内脏器官功能还没有提高到应有的活动水平上就承担了过分的负荷,特别是心肌收缩力较差时,心搏出量减少或无明显增加,心腔内压力升高,使下腔静脉血回心受阻,导致下腔静脉压力升高,肝静脉回流受阻,引起肝脏瘀血,造成血液淤积在肝脏内。肝脏由于瘀血体积增大,加大了肝脏被膜的张力,使被膜上的神经受到牵扯,因而产生肝区疼痛。疼痛的性质多为钝痛、胀痛和牵扯性疼痛。此外,剧烈运动时呼吸急促、表浅,造成胸膜腔内压上升,也影响下腔静脉的回流而引发右上腹部疼痛。

2. 呼吸肌痉挛

呼吸肌包括肋间肌和膈肌,当呼吸肌痉挛时多感到季肋部和下胸部锐痛;与呼吸活动有关,患者往往不敢做深呼吸。其发生可能是因为运动过程中未注意呼吸节律与动作的协调,未注意加深呼吸,以至于呼吸肌功能紊乱,呼吸浅表急促,呼吸肌收缩不协调并过于频繁、紧张等。另外准备活动不充分,心肺功能不能满足肌肉工作的需要,使呼吸肌缺氧,这样不但会导致呼吸肌痉挛,并且加剧了疼痛。

3. 胃肠道痉挛或功能紊乱

胃肠道痉挛或功能紊乱的发生可能与剧烈运动使血流重新分布,胃肠道缺血、缺氧,或各种刺激有关,如饭后过早参加运动,吃得过饱,喝得过多(特别是喝冷饮过多),空腹运动时空气刺激等都可能引起胃肠道痉挛。胃肠道痉挛时胃壁和肠壁的神经受到牵扯而发生疼痛。胃痉挛疼痛部位多在上腹部;腹部着凉,蛔虫刺激,运动前吃了难以消化或容易产气的食物,如豆类、薯类、牛肉等,这些都容易引起肠蠕动增加或痉挛,疼痛部位多在脐周围。

4. 腹外疾病

常见的腹外疾病有右下肺炎、胸膜炎等,这类疾病可能引起反射性或牵涉痛。在临床上,这些疾病可能表现为腹痛,而非典型的心绞痛症状。

5. 腹部挫伤

腹部受到一些钝性暴力,如拳击、踢踹、冲撞等,可能导致腹壁挫伤,造成腹部疼痛和腹肌强直等症状,通常会导致腹壁血管破裂。在一些严重的损伤情况下,还可能累及腹部脏器,导致腹腔内脏损伤,例如胃穿孔、肠穿孔和实质性脏器(如肝脾)破裂。当腹腔内的胃肠道内容物进入腹腔时,可能引起腹膜炎,导致局部持续性腹痛。而实质脏器破裂会引起内部出血,导致腹膜刺激征和腹痛(这两种情况通常伴有全身症状)。

(三)症状表现

运动性腹痛的主要症状是腹痛,多为安静时不痛,运动中或结束时腹痛的程度、性质和部位可能因病因的不同而有所不同。

1.腹痛程度

运动性腹痛的程度与运动负荷、运动强度和运动损伤程度密切相关。一般情况下,大多数运动员在负荷较小且速度较慢的运动中腹痛并不明显,但随着运动负荷的增加和强度的提高,腹痛也会逐渐加剧。如果仅是腹壁挫伤,通常情况下腹痛程度比较轻微。但是,如果合并有腹腔内脏损伤,腹痛程度可能会更加严重。

2.腹痛性质

腹痛的表现形式多种多样,可以分为以下几种。(1)胀痛或钝痛或牵扯痛。常见于肝、脾等脏器引起的痛感,通常有一定持续性,感到隐痛或不适。(2)痉挛性疼痛或绞痛。常见于胃肠道的肌肉痉挛或结石病引起的阵发性疼痛,强度可能会有剧烈的波动。(3)持续性疼痛。通常是腹部组织损伤引起的持续性疼痛,可能是一种胀痛或刺痛,例如腹部创伤、炎症等。(4)持续性胀痛、阵发性加剧。常见于胆道蛔虫或肠道蛔虫引起的持续性胀痛,且会出现阵发性加剧的现象。(5)转移性疼痛、固定性疼痛。转移性疼痛指疼痛感开始于某个部位,然后向其他部位蔓延;固定性疼痛指疼痛感在一个固定的部位存在,常见于阑尾炎等情况。(6)反跳痛。通常在受压后产生疼痛反应,常见于阑尾炎或腹腔脏器损伤。

3.腹痛部位

根据腹部的解剖结构,可以使用九区法将腹部分为九个区域,每个区域对应不同的脏器或结构,分别为右上腹部、中上腹部、左上腹部、右中腹部、中腹部、左中腹部、右下腹部、中下腹部、左下腹部。

(四)处理方法

运动性腹痛的处理方法主要包括以下几个。(1)治疗原发疾病。针对腹部疼痛的原因,治疗主要集中在解决引起疼痛的基本原发疾病上,常用的方法包括药物治疗、手术治疗和物理疗法等。(2)适当减慢跑步速度。降低运动强度,减慢跑步速度,以减少腹部运动时的负担,从而降低腹痛发生的可能性。(3)调整呼吸和运动节奏。注意调整呼吸方式,保持稳定的呼吸节奏,避免过度用力导致腹痛。还可以尝试调整运动姿势和步伐,找到适合自己的舒适节奏。(4)手按压疼痛部位。在运动中,用手按压腹部疼痛的部位,可以有一定的缓解作用,也有助于减轻腹部肌肉的紧张,舒缓疼痛。(5)停止运动并进行适当治疗。如果腹痛非常剧烈,建议立即停止运动。可以考虑服用解痉止痛药，如阿托品等，以缓解症状。此外，针灸也是一种有效治疗方法，通过针刺内关、足三里等穴位，可以缓解腹痛症状。

（五）预防措施

预防运动性腹痛的几种有效的措施如下。(1)合理安排进餐与运动时间。避免在运动前进食过多或过少，确保在运动前有足够的消化时间。(2)选择适当的食物。遵循“三少一高”原则，即食物体积少、产气食物少、粗纤维含量少、热量高。(3)运动前做好充分的准备活动。进行适当的热身运动，预热身体，促进血液循环，降低运动性腹痛的风险。(4)注意呼吸节奏。在运动中保持正常的呼吸节奏，避免过度用力引起腹部疼痛。(5)合理分配力量和速度。对于长跑或自行车等长距离运动，要合理安排力量的使用并合理地安排好全程的速度，避免给腹部过度的负担。(6)加强身体素质训练。通过综合的身体素质训练，提高机体的适应能力，降低运动时出现腹痛的概率。

七、运动性中暑

（一）运动性中暑的定义

中暑通常由高温环境引起，特点是体温调节中枢功能障碍、汗腺功能衰竭以及严重的水电解质失衡，常见于在高温、高湿度和通风不良的环境中进行剧烈运动时。根据临床表现，中暑可分为先兆中暑、轻症中暑和重症中暑三类。重症中暑又分为热痉挛、热衰竭和热射病三种类型。运动性中暑是近年来提出的一种运动性疾病，指的是运动时产生的热量超过身体散热能力而导致体内过热的状态。该症状常见于年轻的运动员、军人、马拉松选手和铁人三项运动员等人群。

（二）发病原因与机理

在正常情况下，人体的下丘脑体温调节中枢会根据外界环境，控制机体产热和散热来维持相对稳定的体温。在一些特定情况下，可能会有中暑的风险。(1)剧烈运动会增加人体的产热量，例如在进行强体力劳动、运动和军训等活动时，人体产生的热量比静息状态时增加了20倍。此时，体内的氧化代谢过程会显著增加，导致体温上升。(2)当环境温度升高时，一些体弱多病、年老或者身体健康状况较差的人，由于体温调节功能障碍或调节能力减退，无法有效地调节自身体温，更容易吸收来自环境中的热量，从而导致体内热量过多。

（三）症状表现

中暑可根据症状的严重程度进行分类，包括先兆中暑、轻症中暑和重症中暑，不同中暑程度的症状表现如下。(1)先兆中暑：患者可能出现头晕、头痛、大汗和乏力等症状。此时，体温可能正常或略有升高。(2)轻症中暑：随着病情的进展，患者的核心体温升高。当体温达到38 ℃时，可能出现皮肤灼热、面色潮红，伴有胸闷的症状。情况严重者，可出现血压下降、面色苍白、皮肤湿冷等症状。(3)重症中暑：如果不及时治疗，病情可能进一步恶化。患者可能出现昏厥、昏迷、肌肉痉挛或高热等症状。

（四）处理方法

运动性中暑的处理方法主要包括以下几个方面。(1)一般处理。将中暑的患者转移到阴凉通风的地方，避免暴露在高温和潮湿的环境中；保持呼吸道通畅，确保患者的呼吸道不受阻塞。如果患者出现呼吸困难或有呼吸道堵塞的情况，要立即采取相应的紧急措施，如头后仰、清除口腔内的异物等。(2)口服凉盐水或含盐饮料。对于热痉挛患者，可以口服凉盐水或含盐饮料来补充体液和电解质，这有助于恢复体液平衡和电解质平衡。另外，也可以考虑口服藿香正气水或十滴水等药物来缓解症状。(3)静脉注射生理盐水或氯化钾。如果遇到严重中暑并伴有循环衰竭的患者，在医护人员评估和管理的基础上，通过静脉途径给予生理盐水或氯化钾来补充体液和电解质。(4)物理降温。可以使用温度在4～11 ℃之间的凉水湿润纱布或毛巾，再用湿毛巾轻轻摩擦患者的皮肤，这有助于扩张血管并加速血液循环，促进散热；将风扇对准中暑患者，以增加空气流动，可以帮助带走患者体表的热量，使患者感到凉爽舒适；在中暑患者的头部、腋窝和腹股沟等部位放置冰袋，这些区域血管密集度较高，降低这些区域的温度，可以帮助降低全身体温。

（五）预防措施

预防运动性中暑的几种有效的措施如下。(1)安排适当的训练时间。避免在一天中最热的时间段进行剧烈运动。应选择在早晨或傍晚气温凉爽的时段进行锻炼。(2)穿着适宜的衣物和戴好遮阳帽。选择穿浅色、宽松透气的衣物或戴上宽边帽子避免阳光直射，以帮助散热和保持舒适，减小头部受热风的影响。避免穿过于紧身和厚重的衣物，以免妨碍皮肤散热。(3)保持充足的睡眠。合理安排作息时间，确保每天有充足的睡眠。良好的睡眠有助于身体恢复和提升免疫力，有助于预防疲劳。(4)加强常规医务监督。定期进行体检和医务监督，特别是不耐热个体要加强预防措施。

(5)营养补充。炎热天气下,运动员应补充足够的水分,注意蛋白质摄入和维生素B_1、维生素B_2、维生素C的补充。

八、运动性脱水

(一)运动性脱水的定义

运动性脱水是在运动过程中由于大量出汗而补液不足,导致体内水分和电解质(尤其是钠离子)在运动过程中丢失过多而引起细胞外液严重减少的现象。

(二)发病原因和机理

运动性脱水常见于在高温、高湿环境下,身体通过出汗散热,导致体内水分和电解质丢失过多且不及时补液而引发的脱水现象。也常见于长距离耐力项目、球类项目,以及举重、摔跤等权重级别比赛。

(三)症状

不同个体的运动性脱水的临床表现可能存在差异,且临床特点的表现程度也会因脱水的严重程度而有所不同。运动性脱水主要是高渗性脱水,其临床特点包括:(1)早期出现口渴感和尿量减少。运动开始后,由于大量出汗和水分丢失,早期症状主要为出现口渴感和尿量减少;随着脱水的加重,口渴感会进一步增强。(2)尿量减少而尿钠浓度增高。由于体内水分丢失,尿量减少,尿液变得浓缩,尿液的钠浓度会增高。(3)面部潮红。中度以上脱水时,人的面部可能会出现潮红的症状;当脱水引起体温调节障碍时可能导致脱水者发生脱水热。(4)神经精神症状。中度以上脱水时,患者可能出现神经精神方面的症状,例如幻觉、躁狂和妄言等。

(四)处理方法

运动性脱水的处理方法主要包括以下几个方面:(1)当运动员出现脱水时,应该立即采取行动,如停止运动、补充水分、休息和降温及寻求医疗帮助,避免情况恶化。(2)及时补充丢失的体液。大量出汗之后应及时补水,可以选择含有适量糖和电解质的饮料。补液过程应遵循少量多次的原则,避免过度集中补液,以减轻胃肠道和心血管系统的负担。总体补液量应大于丢失的体液量,对钠的补充尤其重要。

(五)预防措施

预防运动性脱水的几种有效的措施。(1)提高对运动性脱水的耐受性。在不同环境下进行各种强度的运动和训练,以提高身体对脱水的适应能力。(2)防止和纠正脱水的关键措施之一就是进行补液,以使机体的水分恢复平衡。补液的时间点应根据运动情况和特点,在运动前、运动中和运动后都可进行补液。补液过程中,在遵循少量多次的原则下,除了水分,还应适量补充身体丢失的电解质。可选择含有适量电解质的运动饮料或盐水进行补液。在运动前,适量饮用水或含电解质的饮料,提前为机体补充水分和电解质,确保运动前机体有良好水合状态;在运动中,若是长时间或剧烈的运动,应经常补充水分,尽量避免等到口渴感出现才饮水,可以每隔一段时间喝上少量的水或饮料;在运动后,应迅速补充足够的水分,有利于机体快速恢复到良好的水合状态。

思考题

1.试述运动医务监督的流程。

2.结合自己的理解,试述体育课健康分组的依据和组别。

3.试述自我监督的内容与方法。

4.体育运动合理膳食营养的基本要求有哪些?

5.试述运动性疲劳的简易判断方法和恢复措施。

6.思考并总结运动性疾病的发病原因、规律,以及处理原则、办法。

第三章
授课视频

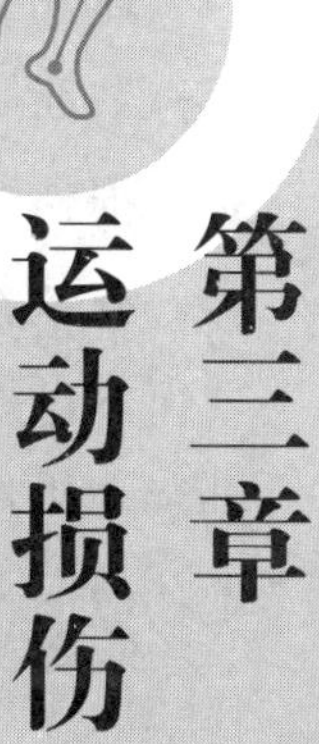

第三章 运动损伤

第一节　运动损伤概述

运动损伤是指因体育运动引起的身体损伤。某些运动损伤与具体的运动项目、技术动作密切相关。研究运动损伤的发生原因、发展规律、预防措施、治疗效果和康复时间，有助于改进体育教学和训练方法，提高运动成绩，以更好地发挥体育锻炼对身心健康的促进效果。

一、运动损伤的分类

运动损伤的分类方法有多种，以下是常用的几种：(1)根据损伤组织种类可分为肌肉和肌腱损伤、滑囊损伤、关节囊和韧带损伤、骨折、关节脱位、内脏损伤、脑震荡、神经损伤等几类。(2)根据创口与外界的相通情况可分为开放性损伤和闭合性损伤两类。开放性损伤是指伤部的皮肤或黏膜有破裂，创口与外界相通，并伴有组织液渗出或血液自创口流出，常见的开放性损伤有擦伤、刺伤、撕裂伤等。闭合性损伤是指伤部的皮肤或黏膜完整，创口与外界不相通，损伤后的出血积聚在组织内部。常见的闭合性损伤包括关节韧带扭伤、肌肉拉伤、挫伤等。(3)根据发病的缓急程度可分为急性损伤和慢性损伤两类。急性损伤是指在瞬间遭受直接或间接的暴力导致的损伤。急性损伤通常是由于剧烈的冲击、扭转或外力作用造成的，具有发病急、病程短，症状往往突然出现的特点。常见的急性损伤包括扭伤、骨折、拉伤、脱臼等。慢性损伤是由于局部长期负担过度，微细损伤不断积累而形成的损伤。慢性损伤通常是由重复性运动、不良姿势或训练不当等因素长期导致的，具有发病缓慢、症状渐起、病程相对较长的特点。常见的慢性损伤包括肌肉劳损、滑囊炎、韧带劳损等。此外，急性损伤如果处理不当或受伤后过早参与运动，也有可能演变为慢性损伤。因此，正确、及时处理急性损伤，提供适当的休息时间并采取科学的康复措施非常重要，以免发展为慢性损伤。

二、运动损伤的病因

运动损伤的发病往往由运动项目和人体两方面的潜在因素共同决定。一方面是运动项目及其技术动作对人体的特殊要求，另一方面是人体自身某些部位在运动中所表现出的脆弱性。以下是引起运动损伤的直接原因：(1)运动水平不足。包括身体素质差，不正确的运动技术、姿势，或动作执行不当以及心理素质不强等，造成过度应力或异常负荷，导致损伤的发生。(2)运动负荷安排不当。包括一次运动量过大或连续大负荷训练，以及局部运动负荷长期过大等。(3)缺乏合理的准备活动。包括不进行准备活动或准备活动不充分，准备活动的量过大，准备活动的内容与运动的内容结合不当，以及准备活动与正式运动的时间间隔过长等。(4)身体功能状态不佳。包括睡眠或休息不佳，患病或伤病初愈，以及过度疲劳等。(5)教学、训练或比赛的组织安排不当。不遵守体育训练原则，如循序渐进、区别对待原则；学生与教师比例失衡；缺乏保护和自我保护措施；比赛方面存在不足，如允许运动员受伤比赛、比赛的时间和地点随意更改，以及比赛的日程安排不当等。(6)场地设备和气候不良。包括运动场地狭窄、地面不平整、器械固定不当，以及在寒冷或高温天气下运动等。(7)思想因素。包括对预防运动损伤的意义认识不足，在运动中存在急躁或畏难心理，以及因缺乏体育道德而故意伤害对手等。

三、运动损伤的预防原则

预防运动损伤对维持身体健康、提高运动表现、降低医疗成本和促进长期参与运动都具有重要意义，运动损伤的预防原则主要有以下几个方面。

1.加强思想教育

为了有效预防运动损伤，需要在平时加强对预防损伤的教育，并在教学、训练和比赛过程中认真贯彻“预防为主”的原则。此外，也需要加强对学生和运动员的组织性和纪律性教育，培养良好的体育道德风尚。

2.合理安排教学、训练和比赛

为了预防运动损伤，教师和教练员应该严格遵守运动训练原则，并根据学生或运动员的年龄、性别、健康状况、训练水平和各运动项目的特点，应区别对待、循序渐进，合理安排运动负荷。

3.认真做好准备活动

合理安排准备活动可以有效提高身体柔韧性和促进血液循环，降低运动损伤的风险，并为正式的运动锻炼做好充分准备。准备活动可以根据以下原则进行安排。

(1)充分的一般性准备活动。确保进行充分的一般性准备活动，让身体明显发热、微微出汗。一般来说，热身运动应持续约 10 min，冬季可以稍长，约 15 min。热身时间不宜过短或过长，过短容易导致热身不充分，增加运动损伤的风险；过长则会过早消耗体力，影响正式的锻炼。可以选择中低强度的运动项目进行热身，如慢跑、跳绳、跳跃、各类体操、各类游戏和动态拉伸等。

(2)针对性的专项准备活动。根据运动项目和训练内容的特点，进行针对性的专项准备活动。确保活动部位与专项练习部位相同，动作结构与训练内容相似。特别需要注意激活身体某些关键部位，比如核心肌群、臀肌等。

(3)考虑个体差异和特殊因素。准备活动还应考虑运动参与者的年龄、训练水平、运动项目、赛前状态以及气候等因素，根据实际情况做出合理的调整。

(4)加强易伤部位的训练。为了预防运动损伤，需要加强对容易受伤和相对薄弱部位的训练。特别是对于那些已经有过陈旧性损伤的部位，更需要加强功能性练习。

(5)加强保护与自我保护意识。教练员在指导运动员运动时应采取恰当的方法，确保正确的技术和动作执行，避免不当的方法导致运动损伤。教练员也应提供适当的保护和帮助，为运动员创造安全的训练环境，加强对运动员的保护意识。此外，运动员应学习各种自我保护方法，如落地时采用适当的滚翻动作以缓冲外力以及使用保护器材和护具等，加强自我保护意识和能力。

(6)加强医务监督。体育运动参与者可以通过医务监督更好地保护自己的身体，并及时发现并处理潜在的健康问题。定期进行体格检查和增补检查有助于确保运动参与者在运动中的安全和表现。

第二节　软组织损伤

软组织损伤是指皮肤、肌肉筋膜、肌腱腱鞘、韧带、关节囊、滑囊、血管、神经等组织发生的损伤。根据伤部皮肤和黏膜是否完整，可将软组织损伤分为开放性损伤和闭合性损伤两类。

一、开放性软组织损伤的处理

1.擦伤

擦伤是由于皮肤受到外力摩擦而引起的损伤，皮肤表面被破坏，可能会有出血或组织液渗出。对于浅表、小面积的擦伤，可用生理盐水或凉开水清洗擦伤的创口，将创口周围的污垢冲洗干净。使用70%酒精棉球对创口周围进行消毒，避免感染。对于擦伤的创口，可以涂抹红药水或紫药水，待药物干燥后，伤口可以暂时不用包扎。需要注意的是，面部擦伤最好不要使用紫药水进行涂抹，关节附近的擦伤不适宜采用暴露疗法，以免影响皮肤的湿润度和关节的正常运动。

2.撕裂伤

皮肤撕裂伤通常发生在头部，尤其在额部和面部较为常见。例如，在篮球比赛中，当眉弓部位受到他人肘部碰撞时，可能会导致眉际皮肤出现撕裂伤口。根据伤口的大小，可以采取以下处理方法：(1)小伤口处理。如果伤口比较小，在止血和消毒后，可以使用粘膏来黏合伤口。粘膏有助于将伤口边缘紧密黏合，促进伤口的愈合。(2)大伤口处理。如果伤口较大，可能需要进行缝合处理。此时，建议寻求专业医生的帮助，进行伤口缝合。医生将使用缝合线将伤口的边缘缝合起来，以促进伤口的愈合和修复。(3)如果伤口感染的风险较高或伤口较深，可能需要使用抗生素进行治疗，预防感染并促进伤口修复。在处理伤口前，务必先止血，并对伤口进行消毒以减小感染的风险。

3.刺伤和切伤

在田径运动中，如被钉鞋或标枪刺伤，或者在冬季滑冰时被冰刀切伤，处理方法与撕裂伤基本相同。在处理伤口时，务必保持手部洁净，以免引入细菌或其他有害物质。以下是处理刺伤和切伤伤口的一般方法：(1)小而深的伤口。如果伤口很小但又比较深，建议先用流动清水冲洗伤口，清除污垢和异物。随后，可以将抗生素药膏涂抹在伤口上，然后用合适的敷料将伤口覆盖起来，保持伤口的清洁和舒适。(2)需要注射破伤风抗毒素的伤口。如果伤口受到不洁物的污染，尤其是在户外或脏乱环境中受伤，应向医生咨询是否需要注射破伤风抗毒素，减小破伤风感染的风险。破伤风抗毒素应尽早注射，因为感染的破伤风毒素可能已经进入体内。

二、闭合性软组织损伤的处理

1.急性闭合性软组织损伤

急性损伤通常是由一次较大的暴力作用引起的，发病速度快、病程较短且局部病理变化和症状体征明显。急性损伤的处理可以根据不同阶段分为早期、中期和晚期三个阶段，每个阶段的处理原则也不同。

早期阶段，指的是伤后的24～72 h内。在这个阶段，病理变化的主要特点是组织撕裂或断裂后，血肿和水肿出现，并引发了反应性炎症。临床上的表现通常包括损伤部位的红肿、热、痛以及功能障碍。处理原则是进行制动、止血、镇痛、防肿和减轻炎症。可以根据具体情况选择以下方法。(1)冷敷、加压包扎并抬高伤肢。应在伤后立即进行冷敷、加压包扎和抬高伤肢，及时发挥制动、止血、止痛和防止或减轻肿胀的作用。一般可以使用氯乙烷或冰袋进行冷敷，然后在伤口上放置适当厚度的棉花或海绵，并迅速用绷带稍加压力进行包扎。在24或48 h后，拆除包扎固定，根据伤情进行进一步处理。(2)使用外用新伤药。外用新伤药通常能够起到消肿、止痛和减轻炎症等作用。(3)如果伤后疼痛剧烈，可以服用止痛药。如果局部红肿明显，可以同时服用中药，起到清热、止痛、活血和化瘀的作用。

中期阶段，指的是伤后的72 h之后至第2～6周。在这个阶段，病理变化和修复过程的主要特点是肉芽组织已经形成，凝块开始被吸收，坏死组织逐渐被清除，组织正在进行修复。临床上的表现是急性炎症逐渐消退，但仍然存在瘀血和肿胀。处理原则是改善局部的血液和淋巴循环，促进组织的新陈代谢，加速瘀血和渗出液的吸收，清除坏死组织，促进组织再生修复，防止粘连形成。治疗方法包括理疗、按摩、针灸、药物痛点注射、外贴活血膏，或外敷活血、化瘀、生新的中草药等，可以综合应用多种方法进行治疗。也可以进行热疗和按摩，按摩的力度应从轻到重，范围从损伤周围到损伤局部。

晚期阶段，指的是损伤组织已基本修复的时期。临床上的表现是肿胀和压痛已经消失，但功能尚未完全恢复且可能会出现瘢痕或形成粘连。在锻炼时，仍可能感到轻微的疼痛、酸胀和无力，严重情况下可能出现伤部僵硬或运动功能受限等症状。处理原则是恢复和增强肌肉和关节的功能。如果存在瘢痕和粘连，应采取措施软化或分离，以促进受损组织功能的恢复。治疗方法主要包括按摩、理疗和功能锻炼，配合固定和中草药熏洗等方法。在处理时，应重点进行按摩、理疗和功能锻炼，以帮助恢复和增强受损组织的功能。

2. 慢性闭合性软组织损伤

慢性闭合性软组织损伤的处理原则主要是改善伤部的血液循环，促进组织的新陈代谢，并合理安排局部负荷量。处理方法与急性损伤的中期和后期的方法大致相同，特别需要结合功能锻炼来进行处理。

第三节 运动损伤的急救

急救是对突发的意外事故或疾病进行紧急的临时处理。运动损伤急救是指在进行体育运动或其他身体活动时发生意外伤害,需要迅速采取的紧急处理。及时的急救处理可以暂时缓解受伤者的症状,并阻止进一步的伤害。急救的目的首先是要确保伤员的生命安全,并避免再受到伤害;其次是减轻伤员的痛苦,预防并发症,并为伤员的转运和进一步治疗创造最佳条件。

一、急救的原则

急救的原则主要包括以下几点:(1)先复后固。当伤员同时存在心跳、呼吸停止和骨折等损伤时,应首先进行心肺复苏,待呼吸和心跳恢复后再进行骨折固定,以确保伤员的生命安全。(2)先止后包。当伤员出现大出血并存在创口时,要先迅速止血,如直接压迫止血或使用止血带止血,随后再对伤口进行消毒和包扎,以控制出血并预防感染。(3)先重后轻。在救助多名伤员的情况下,要根据伤情的严重程度,优先救治危重伤员,尽快提供紧急救治,然后再处理伤情较轻的伤员。(4)先救后运。在现场急救时,应尽快采取必要的急救措施,将伤员稳定后再进行转运。在转运途中,应继续观察伤员的状况,并积极采取抢救措施,尽快将伤员转运到医疗机构。(5)急救与呼救并重。在紧急情况下,同时进行急救和呼救是十分重要的。多人参与急救时,要明确分工,保持紧密协作,以便迅速提供急救措施和请求更高级别的医疗援助。(6)搬运与急救一致性。在搬运伤员时,应与急救操作一致,遵循相关的护理步骤,最大限度地减少伤员的痛苦和不适,尽快将伤员转运到医疗机构。(7)防治休克。伤员在遭受严重创伤或失血过多时,可能会发展为休克状态。在急救过程中,要及时采取措施,如止血、保持体温、提升下肢等,以预防和处理休克。

二、急救的工作内容

1.组织工作

急救的组织工作是指为应对紧急情况,在事前做好充分准备和安排的工作。这些工作包括但不限于以下方面:(1)设置急救点。在可能需要急救的场所或活动中,设置急救点是非常重要的。急救点应该位于靠近活动区域或易于被发现的位置,以便迅速提供救助和急救服务。(2)人员准备。急救人员是急救工作的关键组成部分，事先培训和准备足够的急救人员，包括医生、护士和训练过的志愿者等，确保急救人员具备必要的医疗知识和急救技能。(3)准备急救设备和物资。为了能够及时有效地进行急救，需要准备一定数量和种类的急救设备和物资，如急救箱、呼吸道管理器具、止血带、急救药品等。这些物品应当按照标准配置，储备在急救点和移动救护车等位置，要保持这些物品完好和易于使用。(4)保持呼叫系统和通信设备的畅通。建立畅通的呼叫系统和通信网络，如紧急电话热线、无线对讲机等，以便能够及时传递急救信息、呼叫专业医疗救援队伍，实现快速反应和协调救援。(5)制订急救计划和流程。为了保证急救工作的有序开展，应事先制订急救计划和操作流程，包括急救人员的角色职责、通信联络方式、应急疏散路线等，有助于提高急救的效率和准确性。(6)宣传教育和意识培养。提高公众对急救的重视程度和急救知识的普及度，培养广泛参与急救的意识，有助于提高急救的效率，可以通过组织急救培训课程、推广急救知识、举办宣传活动等方式来进行急救宣传教育和意识培养。

2.现场的具体急救工作

现场的急救工作能够初步了解伤员的状况和急救需求，为后续的急救措施提供基础信息，并为伤员转运和进一步的专业治疗做好准备。急救工作需要专业知识和技能的支持，对急救人员开展持续的培训是非常必要的，有利于应对各种紧急情况。现场的具体急救工作包括以下几个环节：(1)收集病史。通过与伤员或知情人交流，了解受伤的经过、受伤原因、伤员的身体感受等，以获取更多信息作为急救的参考依据。(2)就地检查。包括全身观察和局部检查，按照特定的顺序进行检查，主要包括：检查呼吸道是否通畅，观察有无休克迹象，寻找有无伤口和出血点，检查是否存在颅脑损伤，观察有无胸腹部损伤，检查有无脊髓周围神经损伤或肢体瘫痪，查看是否有肢体肿胀、疼痛、畸形等。(3)初步急救处理。根据收集的信息和检查结果，进行初步判断，并根据伤情的不同进行相应的急救处理。例如保持呼吸道通畅、心肺复苏、止血处理、固定骨折、冷敷肿胀部位等。

三、出血的急救

血液是维持生命必不可少的重要物质，成年人血量约占体重的8%，大约是4000～5000 mL。当出血量达到总血量的20%(800～1000 mL)时，人体会出现一系列全身不适症状，如乏力、头晕、面色苍白、口渴等。当出血量达到总血量的30%

(1200~1500 mL)时,可能会引起休克,对生命安全构成严重威胁。因此,及时控制出血并采取相应的急救措施至关重要,以防止丧失过多的血液,维持机体的正常血液循环和生物功能。

(一)出血的分类

出血是指血液从损伤的血管外流的现象。当血管受到损伤时,就会伴随着出血。根据受伤血管的不同,出血可以分为以下四种类型。

1.动脉出血

动脉出血具有以下特征,其区别于其他类型的出血:(1)血液颜色鲜红。由于动脉血液富含氧气,出血时呈鲜红色。(2)喷射状流出。动脉压力较高,当动脉受损时,血液可呈喷射状流出。(3)喷射线起伏规律。喷射线的起伏规律与心脏搏动规律一致,因为动脉出血受到心脏搏动规律的影响。(4)出血量受指压影响:当指压动脉的近心端时,搏动性血流会立即停止;如果指压位置改变或解除压力,则血流不会停止。(5)对于那些存在吻合支的小动脉管破裂,近心端和远心端均可能出血。动脉出血可能导致严重后果,如出血性休克,甚至引起生命危险。因此,对于大动脉出血,需要立即采取有效的止血措施避免失血过多。

2.静脉出血

静脉出血具有以下特征:(1)缓慢泉涌状流出。静脉出血以较缓慢的速度均匀地流出,呈现泉涌状流动。(2)血液呈现暗红或紫红色。静脉血液含氧量相对较低,因此静脉血呈现暗红或紫红色。(3)远心端出血多于近心端。相对于近心端,静脉出血通常更多地发生于血管远心端。(4)远心端指压可停止出血。当远心端静脉管道受到指压时,出血会立即停止,取消指压则出血会加剧。(5)小静脉出血可自行停止。一般情况下,小静脉出血可以自行停止,或者通过适当的压迫和填塞措施就会停止出血。但是,如果深部大静脉(如腔静脉、股静脉、髂静脉、门静脉等)受损引起的出血,往往会迅速大量失血,甚至可能导致死亡。(6)大静脉受损可能引起严重后果。如果体表的大静脉受到损伤,可能会因大量失血或空气栓塞而导致死亡。因此,对于静脉出血,尤其是大静脉出血,需要及时采取紧急措施进行止血以防止丧失过多的血液。

3.毛细血管出血

毛细血管出血具有以下特征:(1)血液颜色介于动脉和静脉的血液颜色之间。毛细血管出血的血液颜色介于动脉的鲜红色和静脉的暗红色之间,呈现为较浅的红色。

(2)点状出血。毛细血管出血常为点状出血,即血液从损伤处渗出,呈现出点状。(3)自行止血或轻微压迫可止血。一般情况下,毛细血管出血可以自行停止,或者通过轻微的压迫来止血。由于毛细血管直径较小和血液流动速度较慢,出血量相对较少,因此较容易控制出血。毛细血管出血一般情况下不会导致严重后果,但在特殊情况下,如某些疾病或药物的影响,可能会出现持续性或过度出血的情况。如果遇到这些异常情况,建议尽早就医,寻求专业人员的帮助。

4.混合性出血

实质性器官、骨松质和海绵组织的损伤常导致混合性出血。混合性出血是指血液同时从动脉和小静脉流出,其血液颜色类似于静脉血。由于实质性器官中存在丰富的血窦,血管断端无法自行缩回到组织内,因此很难形成血栓,易导致大量失血。根据血液流向的不同,血管出血可分为外出血和内出血两种情况:(1)外出血。当血液从受损的血管流出体外,称为外出血。外出血可以通过可见的创伤或天然的开口流出血液,需要立即采取止血措施,并进行适当的伤口处理。(2)内出血。血液积聚在组织内部或腔隙中,如胸腔、腹腔、关节腔等处,称为内出血。内出血往往不易察觉,但会导致隐匿性且大量的失血,并可能对内部器官造成损害。

(二)止血的方法

止血方法有多种,可以根据实际情况灵活运用。在处理出血时,多种止血方法相结合可以更有效、更安全地止血。

1.冷敷法

冷敷法在处理急性闭合性软组织损伤时具有止血、止痛和防肿的作用,通常是将冷水袋或冰袋敷在受伤部位。冷敷法常与加压包扎法和抬高伤肢法同时应用。

2.抬高伤肢法

抬高伤肢法是一种常用的处理出血的方法,可以降低出血部位的压力。特别适用于四肢小静脉或毛细血管出血的情况。一般来说,将受伤的肢体抬高至心脏平面以上15°~20°即可。抬高伤肢法与加压包扎法同时使用有进一步控制出血的效果。

3.加压包扎法

加压包扎法是目前最常用的止血方法之一,适合处理小静脉或毛细血管出血(图3-3-1)。对于有创口的情况,可以先用无菌敷料覆盖伤口,然后使用三角巾或绷带进行加压包扎。包扎范围应该稍大于实际受伤区域。

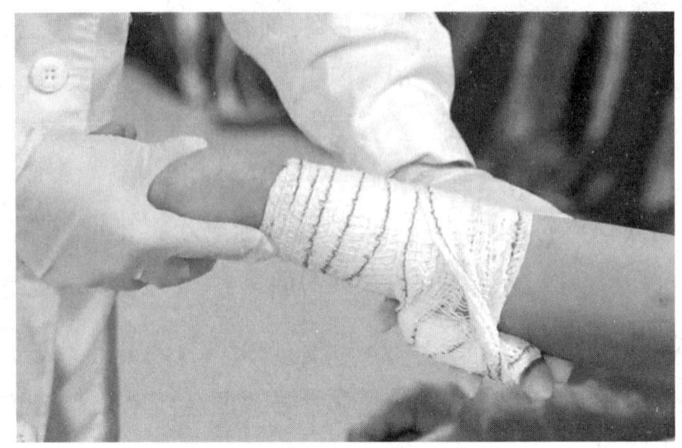

图3-3-1 加压包扎法

4.加垫屈肢止血法

适用于无骨折和无关节脱位的前臂、手、小腿出血,方法是进行“8”字包扎固定(图3-3-2)。“8”字包扎固定可以提供压迫和支撑,有助于止血并保护受伤部位。在操作过程中要注意不要包扎过紧,以免影响血液循环。

具体步骤如下:(1)准备材料。准备棉垫或绷带卷。(2)包扎肘窝或膝关节窝。将棉垫或绷带卷放置于受伤部位的肘窝或膝关节窝处。(3)屈曲前臂或小腿。将前臂或小腿屈曲至适当角度,使受伤部位形成一个“8”字形。(4)进行包扎。从包扎区域开始,将绷带绕过肘窝或膝关节窝,并交叉过受伤部位的反方向,形成“8”字形。(5)固定包扎。包扎完成后,用绷带或其他固定物将绷带紧紧固定住,确保包扎不会松动。

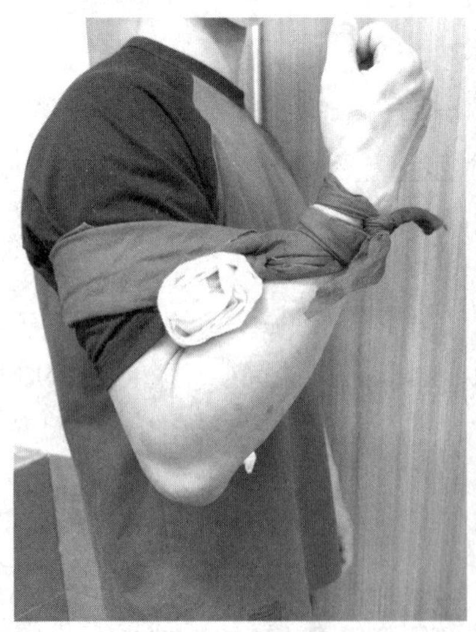

图3-3-2 加垫屈肢止血法

5.指压止血法

指压止血法是一种应用于较大动脉出血的紧急止血方法。用拇指压住出血的血管上方(近心端)来封闭血管,中断血液流动,从而有效地实现快速止血。指压止血法适用于出血较多的伤口。

(1)具体操作要求如下:①准确找到动脉压迫点。根据伤口位置和动脉分布,准确找到需要指压的动脉位置。②适度施加压力。用拇指对着伤口近心端的动脉进行适度的压迫,使动脉被压闭,阻断动脉血流。压迫力度应适中,能够使伤口不再有出血为准。③适度的压迫时间。保持压迫状态10～15 min,确保动脉被完全封闭,直至出血停止。④保持伤处肢体抬高。同时应保持受伤部位的肢体抬高,以减少静脉血液回流和血液压力,有助于控制出血。常用的指压止血法包括直接指压法和间接指压法两种。直接指压法是指使用手指腹直接对开放性损伤的动脉出血部位的近心端进行压迫,以达到止血的方法。间接指压法也称为止血点止血法,是指用手指将身体浅表的动脉压迫在相应的骨面上,从而阻断血液流动,暂时停止动脉出血。

(2)间接指压法常用的重要止血点如下。

①颞浅动脉压迫止血法(图3-3-3)。使用拇指或食指,找到位于下颌耳屏上前方大约1.5 cm处的点,向下按压。适用于与颞浅动脉相关的头部或额部出血。

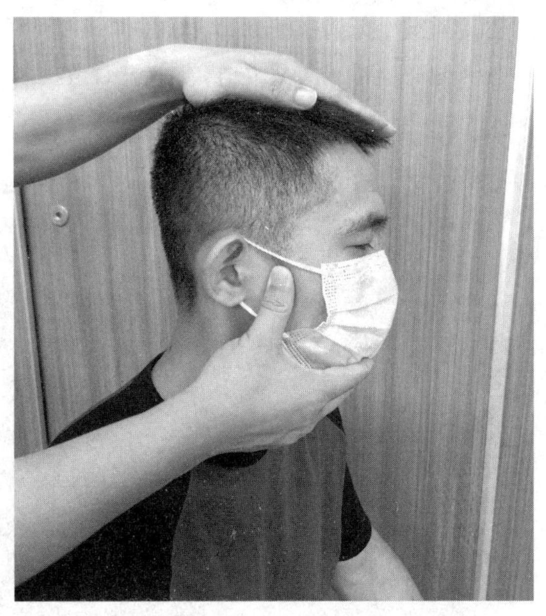

图3-3-3　颞浅动脉压迫止血法

②颌下动脉压迫止血法(图3-3-4)。将拇指或食指放置在颌下动脉上方的下颌骨上,以适度的压力压迫住动脉血管。适用于与颌下动脉相关的出血。

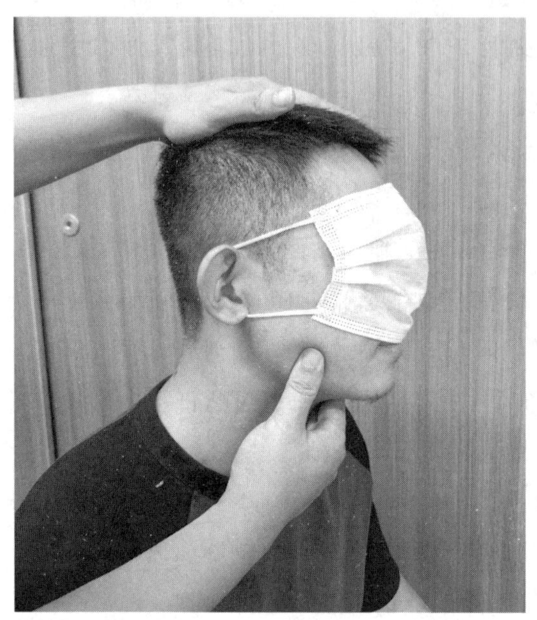

图3-3-4 颌下动脉压迫止血法

③颈总动脉压迫止血法(图3-3-5)。当头、颈部大出血时,如果其他止血方法无效,可以尝试使用此方法。首先,找到伤侧颈动脉,位于气管侧面、胸锁乳突肌前缘。其次,使用手指或手掌,将伤侧颈动脉向后压迫,使其受压于第五颈椎上。最后,持续施加适度的压力,并保持稳定,直到出血停止或等待医护人员的到来。

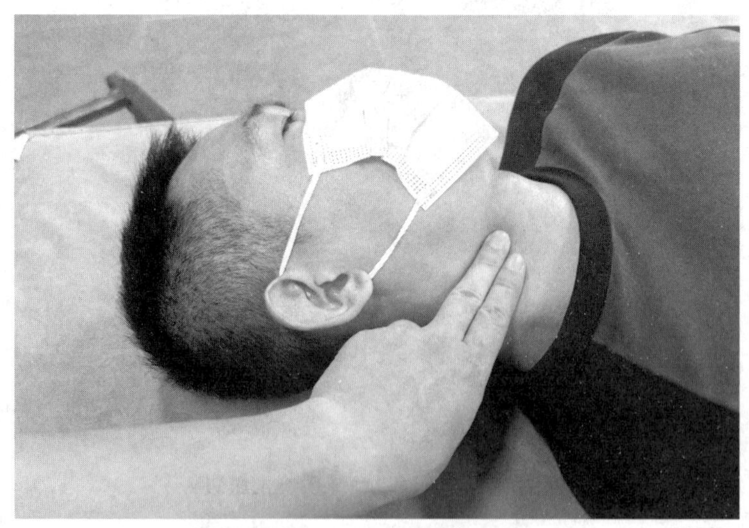

图3-3-5 颈总动脉压迫止血法

④锁骨下动脉压迫止血法(图3-3-6)。适用于腋窝、肩部及上肢出血。首先,使用拇指,在锁骨上方的凹陷处触摸到动脉跳动的位置,其余四指放在患者的颈部后方。其次,用拇指向下内方施加压力,将动脉压在第一肋骨上。最后,持续施加适度的压力,并保持稳定,直到出血停止或等待医护人员的到来。

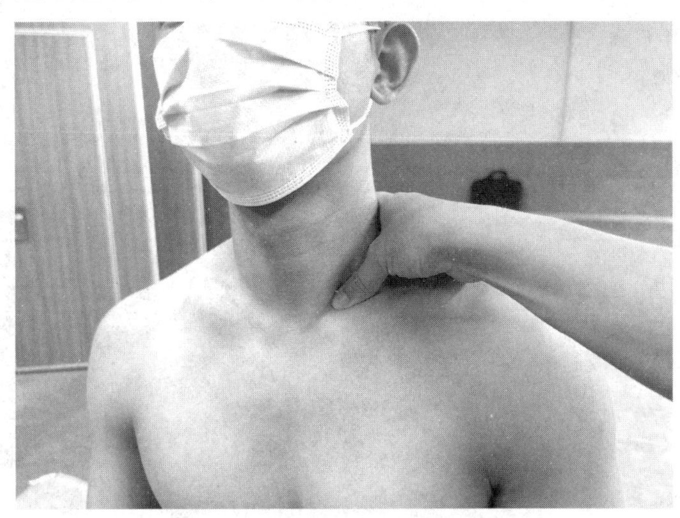

图3-3-6　锁骨下动脉压迫止血法

⑤肱动脉压迫止血法(图3-3-7)。适用于手、前臂及上臂下部出血。首先,定位压迫点,肱动脉在上臂中段内侧,位置较深;使用手指或手掌,在上臂中段内侧感觉到肱动脉的搏动。其次,使用拇指,对准该位置进行按压止血。最后,坚持用适度的力量按压,并保持稳定,直到出血停止或等待医护人员的到来。

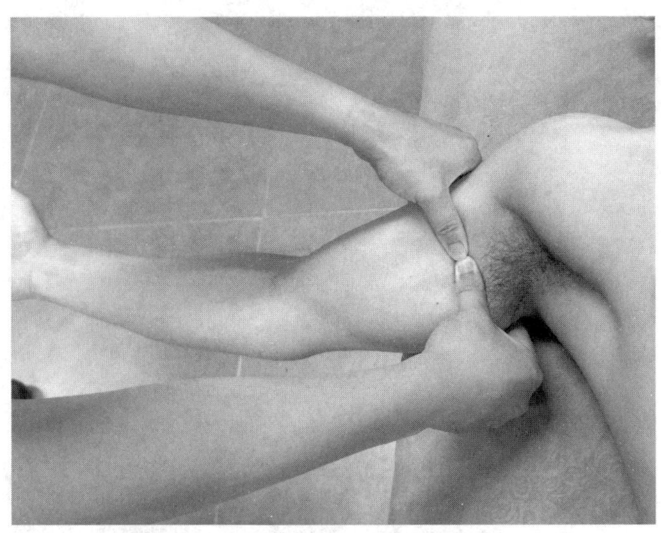

图3-3-7　肱动脉压迫止血法

⑥股动脉压迫止血法(图3-3-8)。适用于下肢大出血。首先,确定压迫点,位于腹沟韧带的中点,稍微偏内侧下方,在该位置可以感受到股动脉强烈的搏动。其次,使用拇指或手掌根部向外上方施加压力,或用橡皮带、绷带、其他材料对该点进行压迫止血。最后,维持适度的压力,并保持稳定,直到出血停止或等待医护人员的到来。

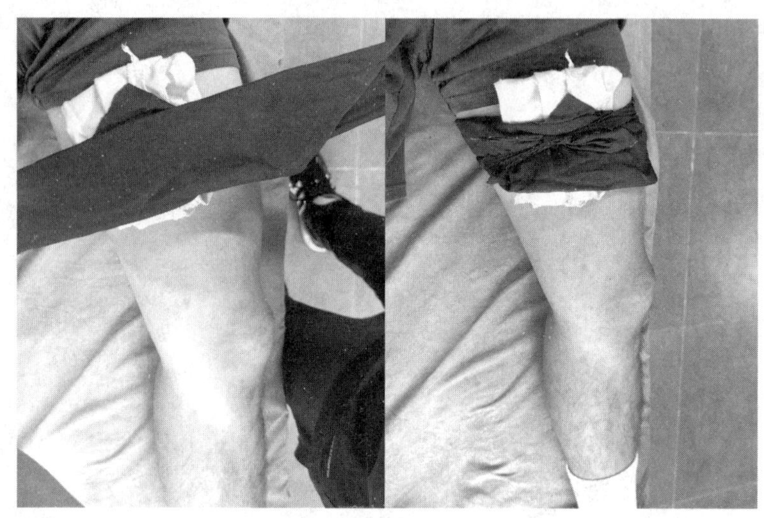

图3-3-8 股动脉压迫止血法

⑦桡、尺动脉压迫止血法(图3-3-9)。适用于手部出血。首先,定位压迫点,位于腕部掌面的两侧。其次,同时使用拇指和另一手指,对腕部掌面两侧的桡动脉和尺动脉进行按压,要求按压的力度适中。最后,维持稳定的压力,直到出血停止或寻求专业救治。

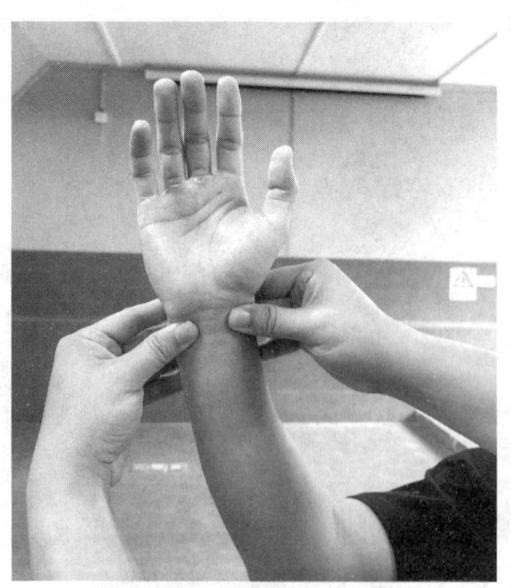

图3-3-9 桡、尺动脉压止血法

6.止血带止血法

止血带止血法

止血带止血法是一种适用于四肢大出血时简单有效的止血方法,用橡皮带、绷带或其他合适的材料,绑在出血四肢的近心端。具体方法和注意事项如下。

(1)部位。止血带的标准位置应该在上臂上1/3处,下肢的股中1/3、下1/3交界处。在紧邻伤口的健康组织处系扎止血带,以最大程度地保存肢体功能。在上臂的中1/3、下1/3部位扎止血带可能会损伤桡神经,因此不应将止血带绑在这些部位。

(2)衬垫。在使用止血带时,不应直接将其缠绕在皮肤上,应该在皮肤和止血带之间放置衬垫,例如三角巾、毛巾、衣物等。这是为了避免止血带直接对皮肤造成过度的压迫和摩擦,引起皮肤损伤或不适。衬垫可以提供一个缓冲层,减少对皮肤的刺激,并帮助分散止血带施加的压力。

(3)松紧度。在使用止血带时,施加适当的压力是至关重要的。止血带的紧松度应该以出血停止和远离止血带的部位无法摸到脉搏为准。如果止血带过松,可能只会压住静脉,阻碍静脉血液的回流,反而会加重出血现象。因此,在使用止血带时,要确保适宜的松紧程度,若使用充气止血带,成人上肢的压力应保持在40 kPa(300 mmHg),下肢则应维持在66.7 kPa(500 mmHg)左右。

(4)持续时间。原则上,应该尽量减少止血带的使用时间。通常情况下,止血带的使用时间可以允许1 h左右,但最长不宜超过3 h。

(5)标记。使用止血带时,为了标记止血带的使用时间,可以在止血带上做好可见的记号或挂上标签,例如写下绑带的开始时间。这样可以提醒使用者和医护人员,在适当的时间解除止血带,避免压迫的时间过长。此外,还需要标记止血带的具体使用部位,可以用可见的标志,如指示箭头或文字,明确指示止血带绑在哪个位置。

四、急救包扎的方法

常见的包扎材料包括绷带、三角巾以及其他可临时代用的物品,比如干净的手帕、毛巾、腰带和领带等,这些材料在处理伤势的过程中起到重要的作用。务必确保包扎材料干净、卫生,并能提供足够的支持和保护作用。绷带一般用于支撑受伤的肢体和关节,固定敷料或夹板,加压止血等。而三角巾主要用于包扎、悬吊受伤的肢体,固定敷料以及固定骨折等。由于三角巾形状特殊,可以通过不同的折叠方式适应各种包扎需求。

绷带包扎法

(一)绷带包扎法

绷带在包扎伤口时的主要作用是固定盖在伤口上的纱布,固定骨折或挫伤,并施加适当的压力止血。在家庭急救中,如果没有绷带可用,可以使用一些替代材料,如干净的毛巾、手帕、床单(撕成细条)或长筒尼龙袜子等。

1.操作要领

(1)环形法。环形法(图3-3-10)是一种常用于手腕部和肢体粗细相等的部位的绷带固定方法。

步骤:首先,准备一条长度合适的绷带,确保长度足够覆盖需要固定的区域;将绷带环绕在需要固定的部位上,让第一圈绷带稍微偏斜着绕过。其次,第二和第三圈绷带要作环形绕圈,确保这两圈平行且紧密地覆盖在第一圈上。然后,在第三圈绕完之后,将第一圈绷带的斜出一角压于第三圈环形圈内,以增强固定的稳定性。最后,将绷带的尾部固定住,可以将尾部剪成两个短头,然后将它们打个结固定,或者直接用胶布将尾部粘贴在固定的位置上。

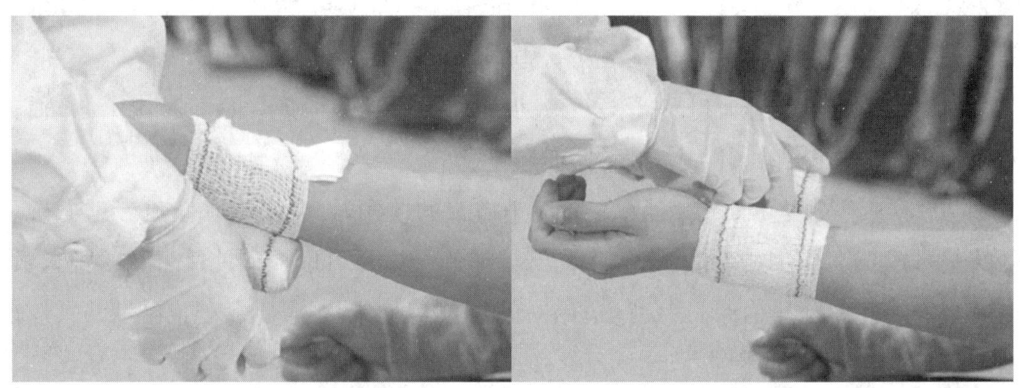

图3-3-10　环形包扎法

(2)蛇形法。蛇形法(图3-3-11)是一种常用的固定夹板的方法,或用于较长区域的固定可以提供较好的固定效果。

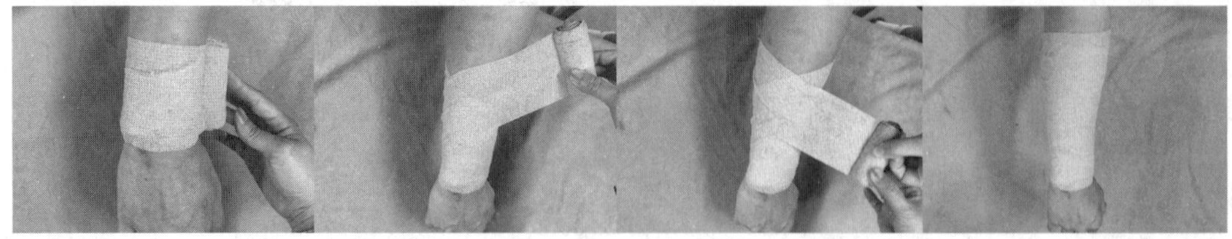

图3-3-11　蛇形包扎法

步骤:首先,准备一条足够长的绷带,确保可以覆盖固定区域;将绷带放置在固定区域开始的位置上,再按照环形法的步骤,将绷带绕成数圈,确保绷带缠绕紧密。其次,根据绷带的宽度,按照间隔,选择在每一圈绷带上斜向上或者斜向下缠绕,这样可以形成交替上下的缠绕效果。然后,按照环形法的步骤,将绷带绕到固定区域上,确保绷带坚固。最后,用胶布或其他方式将绷带的尾部进行固定,保持稳固。

(3)螺旋形法。螺旋形法(图3-3-12)是一种常用的绷带固定方法,适用于固定粗细不同的受伤部位,可以提供较好的固定效果,并且可以根据需要调整每圈上缠的程度。确保绷带紧固度适中,以免影响血液循环和舒适度。

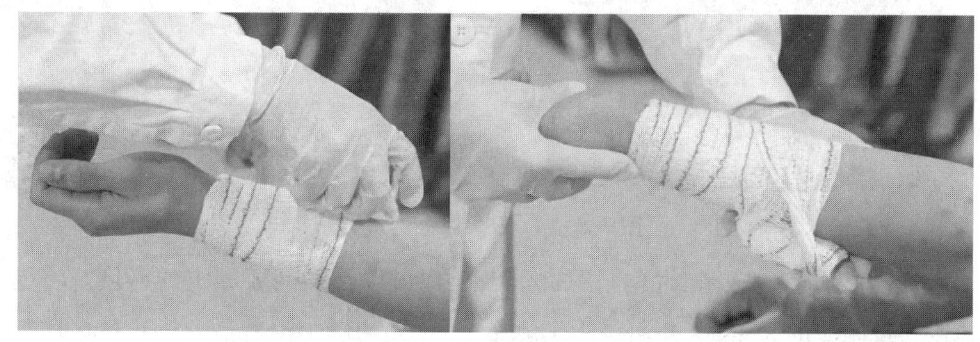

图3-3-12 螺旋形包扎法

步骤:首先,准备一条足够长的绷带,确保可以覆盖需要固定的区域;将绷带放置在固定区域开始的位置上,然后按照环形法的步骤,将绷带绕成数圈,确保绷带缠绕紧密。其次,绷带逐渐上缠,每圈盖住前一圈1/3~2/3,这样形成的缠绕效果呈螺旋状。最后,用胶布或其他方法将绷带的尾部进行固定,以确保固定效果。

(4)螺旋反折法。螺旋反折法(图3-3-13)是一种常用的绷带固定方法,特别适合需要在固定区域发生转折的情况。这种在渐粗处或需要加压固定处进行反折的缠绕方法可以有效地固定肢体粗细不等的区域。确保绷带松紧适度,既能提供支持固定,又不至于过紧影响血液循环和舒适度。

图3-3-13 螺旋反折包扎法

步骤:首先,准备一条长度合适的绷带,确保可以覆盖需要固定的区域;将绷带放置在固定区域的起始处,按照环形法的步骤,将绷带绕成数圈,确保绷带紧密地缠绕;当绷带绕到肢体渐粗的区域时(或需要固定的位置时),进行反折。其次,将每圈绷带需覆盖住前一圈的1/3～2/3;紧密地继续按照此方法,由下而上地缠绕绷带。最后,用胶布或其他方式将绷带的尾部进行固定,以确保固定效果。

"8"字形包扎法

(5)"8"字形包扎。"8"字形包扎(图3-3-14)是一种常用的固定肢体的包扎方法,它的形状类似于数字"8"。

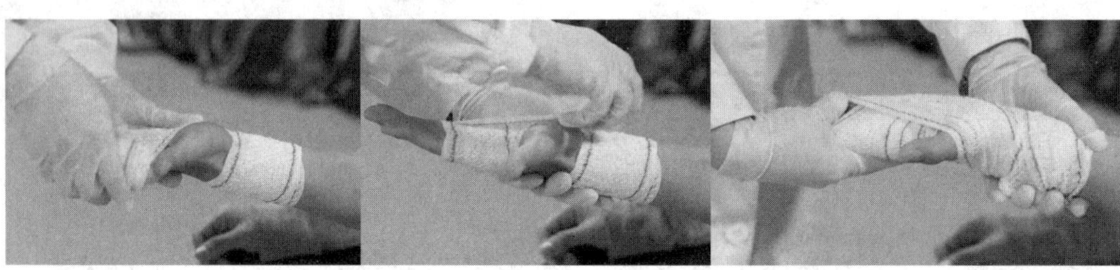

图3-3-14 "8"字形包扎法

步骤:首先,准备一条长度合适的绷带,确保可以覆盖需要固定的区域。将绷带放置在固定区域的起始处,并用手固定绷带的一端。其次,沿着需要固定的区域缠绕绷带一圈,在固定区域下方或上方交叉,形成一个"8"的形状;交叉点是绷带缠绕的中心点,在交叉点将绷带紧固并固定;确保交叉点处的绷带处于固定状态后,分别向上和向下延伸,沿着固定区域继续缠绕绷带;当再次到达交叉点时,再次交叉并固定。重复以上步骤,以"8"字形不断缠绕绷带,直到覆盖整个需要固定的区域。最后,当缠绕到需要固定的末端时,使用胶布或其他方式固定绷带的尾部。

2.绷带包扎的注意事项

(1)确保适当的松紧度。绷带不应过紧或过松,过紧的绷带会限制血液循环导致血液供应不足,而过松的绷带则无法有效固定纱布导致包扎、止血效果不好。如果没有经验,可以通过观察伤者的情况来判断绷带是否过紧或过松。打好绷带后,留意伤者身体远端是否有变凉、浮肿等异常情况。(2)注意打结的位置。打结的位置应避免在伤口上方或身体背后,避免睡觉时对身体造成不适或压迫伤口。选择合适的位置进行打结可以提高舒适度,同时确保伤口在恢复过程中少受干扰。

(二)三角巾包扎法

三角巾包扎是一种用于处理较大创面、固定夹板以及悬吊手臂等的包扎方法。在急救情况下,三角巾的用途非常广泛,但三角巾在一般家庭中并不常见,因此建议家庭应备有一些三角巾。制作三角巾也非常简单，只需准备一块边长约1 m的正方形布料，并从对角线剪开即可。这样剪开后的布料就形成了两块三角巾，可以很方便地用于包扎固定。

1.头部包扎

步骤：(1)拿起一个三角巾，将底边(最长的一条边)向上翻折约两指宽，调整到适当的长度。(2)将三角巾盖在头部上，确保底边位于前额附近。(3)将两侧的底角分别沿着头颅的侧面，覆盖住太阳穴。(4)将顶角向后拉至枕后，与两侧的底角交叉。(5)在枕后使用系带将顶角和两侧的底角固定在一起，可以交叉绕几圈以增加固定性。(6)将系带绕回前额中央，并打好结。如图3-3-15所示。

图3-3-15　三角巾头部包扎法

2.下颌包扎法

步骤：(1)将三角巾折成4指宽的带状，确保长度足够覆盖固定区域。(2)将带状巾上1/3处置于颌下，两端向上拉起。(3)长端经耳前绕过头顶至对侧身前上方，与短端交叉。(4)将两端分别绕至前额及枕后，在对侧耳郭上方打结固定，确保包扎牢固。

3.单肩包扎法

(1)将三角巾的顶角盖过伤侧肩部，让顶角从肩后部下垂。(2)将三角巾的一个底角斜穿过对侧腋下。(3)用顶角的系带把三角巾固定于在伤侧三角肌处，再将三角巾的另一个底角从伤侧腋下穿过，从后背拉至对侧腋下，并与另一底角在对侧腋下打结固定。确保三角巾稳固不松动。如图3-3-16所示。

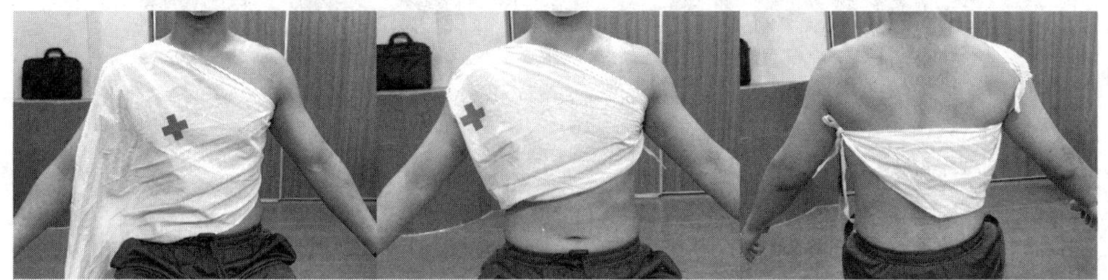

图3-3-16　单肩包扎法

4. 双肩包扎法

步骤:(1)准备一个适当大小的三角巾,确保它足够长以覆盖肩部和背部。(2)将三角巾展开,把三角巾的底边放在两肩上。(3)将三角巾的两侧底角向前下方绕过腋下到背部,在背部将两侧底角打结,确保固定住三角巾。(4)将三角巾的顶角与两底角打结并拉紧,确保三角巾牢固且不会松动。如图3-3-17所示。

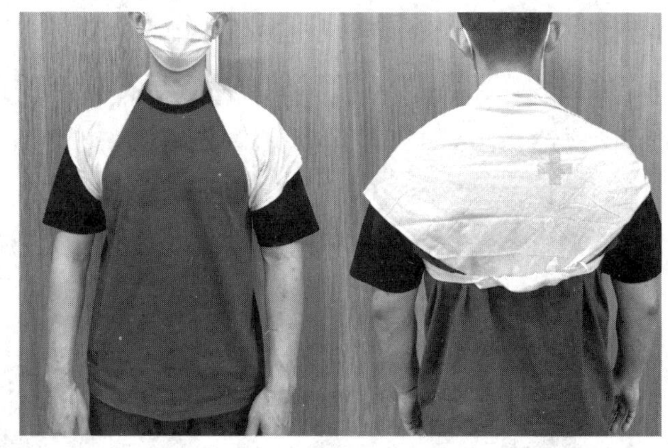

图3-3-17 双肩包扎法

5. 膝(肘)关节包扎法

步骤:(1)准备一个适当大小的三角巾,确保足够长以覆盖关节部位。(2)将三角巾折叠成4指宽的宽带,再覆盖在目标关节上。(3)在膝(肘)窝处交叉三角巾的两端,将一端反绕膝(肘)关节。(4)将另一端绕过关节,与上一步中反绕的部分在外侧相遇,在关节外侧打结固定,确保三角巾稳固。如图3-3-18所示。

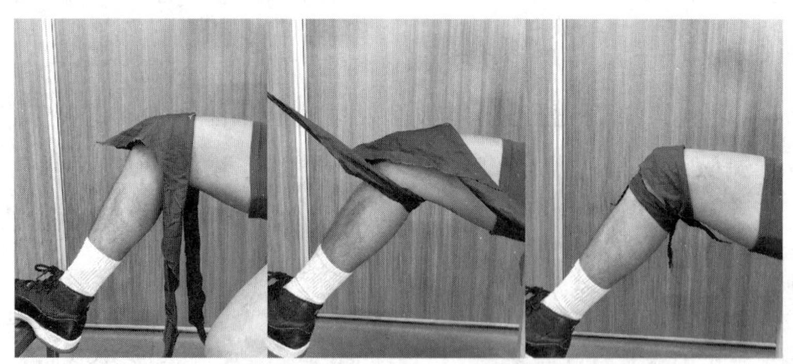

图3-3-18 膝(肘)关节包扎法

6. 手部包扎法

步骤:(1)准备一个适当大小的三角巾,折叠成一半。(2)将手心(受伤面)向下放在三角巾的中间位置,确保手指指向三角巾的顶角。将三角巾的顶角翻折,盖住手背部分，使两者紧密贴合。(3)将两个交叉的角围绕腕关节，继续包扎至手背上。(4)在手背上打结，确保三角巾牢固且不会松动。如图3-3-19所示。

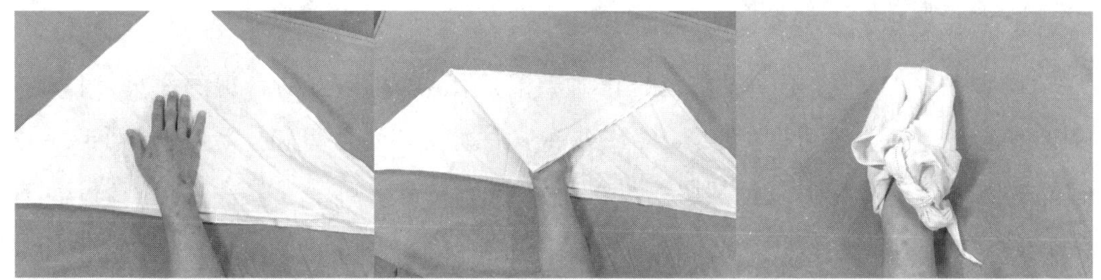

图3-3-19　手部包扎法

7.悬臂带法

悬臂带法

(1)大悬臂带：大悬臂带适用于上肢损伤，不包括锁骨和肱骨骨折(图3-3-20)。步骤：①将三角巾的顶角放在伤肢的肘关节后方。②将一条底角放在健侧肩膀上，并将伤肢的前臂放在三角巾的中央位置。③将另一条底角向上折叠并包住前臂，然后在颈部后方将两条底角打结固定。④拉直顶角并向前折叠，用胶布固定。

图3-3-20　大悬臂带

(2)小悬臂带：小悬臂带是一种用于肱骨或锁骨骨折的固定方法(图3-3-21)。步骤：①将一个三角巾折叠成大约四横指宽的宽带，或者使用宽绷带或软布带代替。②将宽带的中间部分放在前臂的下1/3处，让肘部屈曲成90°，并将宽带的两端打结在颈部后方。这样可以起到固定骨折部位的作用。

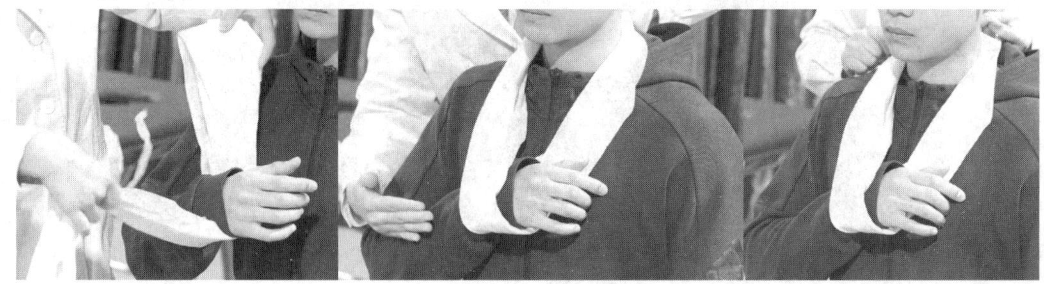

图3-3-21　小悬臂带

五、骨折和关节脱位的固定

(一)骨折的急救

在现场急救中,首要任务是及时止血和治疗休克,对于疑似骨折的伤员,可以进行临时固定,以防止骨折断端活动导致进一步的损伤。此外,临时固定还有助于减轻疼痛。临床固定的范围应包括骨折处的上下两个关节。对于开放性骨折(骨折断端穿出皮肤),必须先进行止血和包扎,然后再进行固定。可以使用绷带、棉垫、木夹板等材料进行固定,也可以使用树枝、竹板、木棍、纸板、书籍、雨伞、衣物等代用品。固定夹板和肢体之间要添加棉垫、衣物等衬垫,避免对皮肤造成压力损伤。四肢固定时要露出指尖和趾尖,以便观察血液循环情况。完成固定后,如果出现指尖或趾尖苍白、紫绀,肢体发凉、疼痛或麻木等情况,表示血液循环不良,应立即检查原因,如果是缚扎过紧,需放松缚带或重新固定。

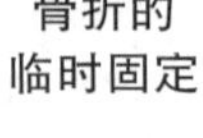

1.骨折的临时固定方法

(1)前臂骨折。使用一块稍长于前臂的木板或夹板,放在伤肢前臂外侧,加衬垫于骨折突出部分,使用绷带或布条进行固定,保留指尖的空间,然后使用三角巾将前臂悬挂在胸前(图3-3-22)。

图3-3-22 前臂骨折固定方法

(2)上臂骨折。将稍长于上臂的木板或夹板放在伤肢上臂外侧,贴合部分要加垫衬,使用绷带或布条将骨折部位的上下两端固定,将肘关节屈曲呈90°,然后使用三角巾将前臂悬挂在胸前(图3-3-23)。

图3-3-23 上臂骨折固定方法

（3）锁骨骨折。可以使用三角巾固定法：首先，在两腋下垫上大棉垫或布团（短时间固定可以不加衬垫）；然后，使用两条三角巾的底边分别从两腋窝绕到肩部前方打结；最后，在背后将三角巾的两个顶角拉紧打结（图3-3-24）。

锁骨骨折固定

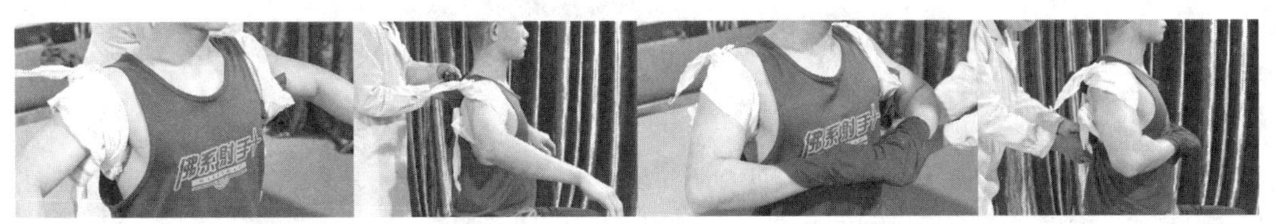

图3-3-24　锁骨骨折固定方法

（4）肋骨骨折。可以使用多头带进行固定：首先，在骨折处放上大棉垫或折叠数层的布；然后，让伤员呼气并屏住呼吸，将多头带在健侧的胸部打结固定。

（5）大腿骨折。将一块稍长于足跟到腋下长度的木板放在伤肢的外侧，骨折突出部分要加垫衬，使用布带牢固固定。需要固定骨折处的上、下端，小腿中段，踝关节，臀部、腹部、胸部等处（图3-3-25）。

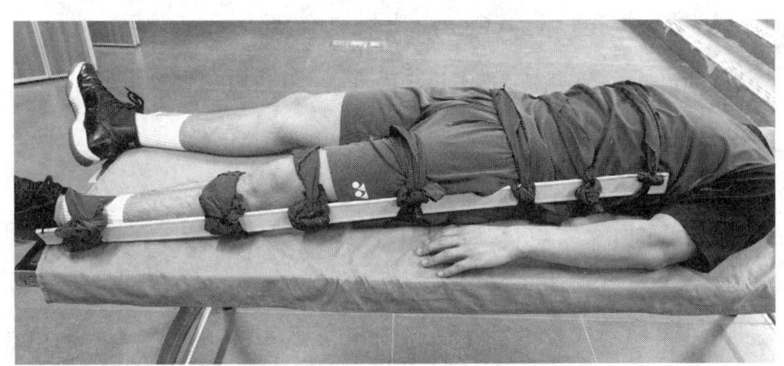

图3-3-25　大腿骨折固定方法

（6）小腿骨折。可以使用两块稍长于大腿到足跟长度的木板，分别放在伤肢的内侧和外侧，或者只使用一块木板放在伤肢的外侧，在骨突出处、关节处和空隙处加垫衬，然后使用布带进行缠绕固定（图3-3-26）。

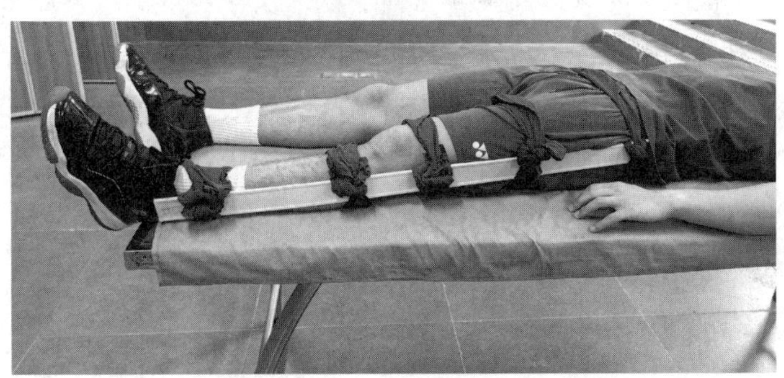

图3-3-26　小腿骨折固定方法

(7)脊柱骨折。患者不宜站立或坐起,以免引起或加重脊髓损伤。在移动患者时,不要让其躯干前屈,必须让其仰卧在担架或木板上进行运送。

(8)颈椎骨折和脱位。患者头部应仰卧固定在木板正中位(不垫枕头)。两侧应垫上卷叠的衣物,以防止颈部左右转动。切勿轻易搬动伤者,否则可能引起脊髓压迫,导致高位截瘫甚至死亡。

2.骨折临时固定的注意事项

在进行骨折的临时固定时,有一些注意事项需要重点了解:(1)在固定之前,不要无故移动伤肢。如果需要暴露伤口,请剪开衣物。对于大腿、小腿和脊柱骨折,应该在现场就地进行固定。(2)如果伤者存在出血或休克的情况,应先进行止血和抗休克处理。(3)固定夹板和肢体之间应放置垫衬物,确保填补好空隙。夹板的长度应超过骨折部位上下关节之间的长度。(4)如果有骨片露出伤口,不要将其放回伤口内,也不要随意去除骨片。(5)在固定时,应先固定骨折部位的上下部分,然后再固定上下关节。(6)在固定时,松紧度应适当。应该留出肢体端部以便观察血液循环情况,如果固定过紧,应重新进行固定。(7)在固定完成后,应给伤肢保暖。

(二)关节脱位的急救

关节脱位通常是由于直接或间接外力作用导致相邻两个骨头失去正常的连接关系,肩、肘、髋等关节是常见的脱位部位。一旦关节发生脱位,首先应停止活动,并将脱位关节放置在一个舒适的位置进行固定,防止进一步损伤。随后,可以使用冷湿布冷敷患肢,以减轻疼痛和肿胀。然后,应立即将患者送往医院,在医生的专业指导下进行复位和治疗,切勿自行尝试复位。

1.肩关节前脱位

(1)损伤机制。肩关节脱位是最常见的关节脱位,约占全身关节脱位的50%,这与肩关节的解剖和生理特点有关。肩关节具有以下特点:肱骨头较大,关节盂相对浅小,关节囊松弛,前下方组织较薄弱,关节活动范围较大,容易受到外力的作用。肩关节脱位常见于青壮年人群,且男性患者较多。这是因为在这个年龄段,人们的活动水平较高,肩关节承受的力量和压力也更大。因此,在进行体育活动或承受外力冲击时要加强对肩关节的保护,以减少脱位的风险。

(2)症状与诊断。外伤性肩关节前脱位通常伴有明显的外伤史。患者常出现肩部疼痛、肿胀和功能障碍等症状。伤肢处于轻度外展内旋的位置,肘关节弯曲,并用健侧手托住患侧前臂进行支撑。外观上，肩部呈现出“方肩”畸形，肩峰突出明显，肩峰下方有明显的空虚感。在腋下、喙突下或锁骨下可以摸到肱骨头。伤肢轻度外展，无法紧贴胸壁，如果将手肘贴于胸前，手掌无法同时接触对侧肩部（即Dugas征阳性，也称搭肩试验阳性）。通过X线检查可以确诊。

（3）急救固定。准备两条三角巾，将其分别折叠成宽带状。将一条三角巾悬挂在伤肢的前臂上方，另一条三角巾绕过伤肢的上臂，在健侧腋下打结。这样的固定方法可以提供一定的支撑和固定作用，有助于减轻伤肢的压力，并减少进一步的移动和损伤。

2.肘关节后脱位

（1）损伤机制。肘关节后脱位是由传导力和杠杆作用所引起的脱位。当患者跌倒时，通常会用手支撑身体重量。如果传导力使肘关节过度后伸，尺骨的鹰嘴部分就会冲击到肱骨下端的鹰嘴窝，从而产生一个有力的杠杆作用。这会导致位于喙突上方的肱前肌和肘关节囊前壁撕裂，导致肱骨下端继续前移，而尺骨鹰嘴则向后移动，最终导致肘关节的后脱位。

（2）症状与诊断。①肘部出现明显的畸形，肘窝部饱满，前臂的外观变短，尺骨鹰嘴部分向后突出，肘部后方呈现空虚和凹陷。②关节呈现弹性固定状态，处于半屈曲位，一般范围为120°～140°，只有微小的被动活动度。③肘关节后脱位时，肘部的骨性标志关系发生改变。正常情况下，肘关节伸直时，尺骨鹰嘴与肱骨的内、外上髁三点呈一条直线；当屈肘时，则形成一个等腰三角形。发生肘关节后脱位时，上述骨性标志关系被破坏。通过X线检查可以确诊。

（3）急救固定。在处理肘关节后脱位时，铁丝夹板或大悬臂带是常用的固定工具。将铁丝夹板或大悬臂带正确地放置于患者的肘部，以确保关节得到适当的固定和支撑力。这种包扎固定方法被广泛应用于医疗实践中，是一种有效的治疗手段。

六、心肺复苏

心肺复苏

（一）心肺复苏的概述

心肺复苏（CPR）是一种抢救呼吸和心搏骤停的急危重症患者的紧急处理方法。CPR用人工呼吸取代病人自主呼吸，同时采用胸外按压形成暂时的人工循环来刺激患者尽快恢复自主循环。

心搏骤停的识别通常不难，最可靠且早期出现的临床表现是突然失去意识和大动脉搏动消失，伴有濒死喘息或完全呼吸停止。一般通过轻拍病人肩膀并大声呼喊来判断病人是否有意识存在，用食指和中指触摸颈动脉来感觉是否有搏动。如果两者都不存在，并且呼吸异常，可以做出心搏骤停的诊断，并应立即进行初步急救。如果在发生心搏骤停的5 min内迅速进行有效的心肺复苏，患者有可能成功心肺复苏而不留下脑和其他重要器官组织的损伤后遗症。然而，如果超过5 min，心肺复苏成功率非常低，即使心肺复苏成功，也难以避免对患者中枢神经系统造成不可逆的损伤。因此，在现场识别和急救时，应充分认识到时间的宝贵性。注意不要等到所有临床表现都明确后才确认诊断，不要浪费时间等待心率、血压和心电图的检查结果，避免延误识别和抢救的最佳时机。心肺复苏操作流程如图3-3-27所示。

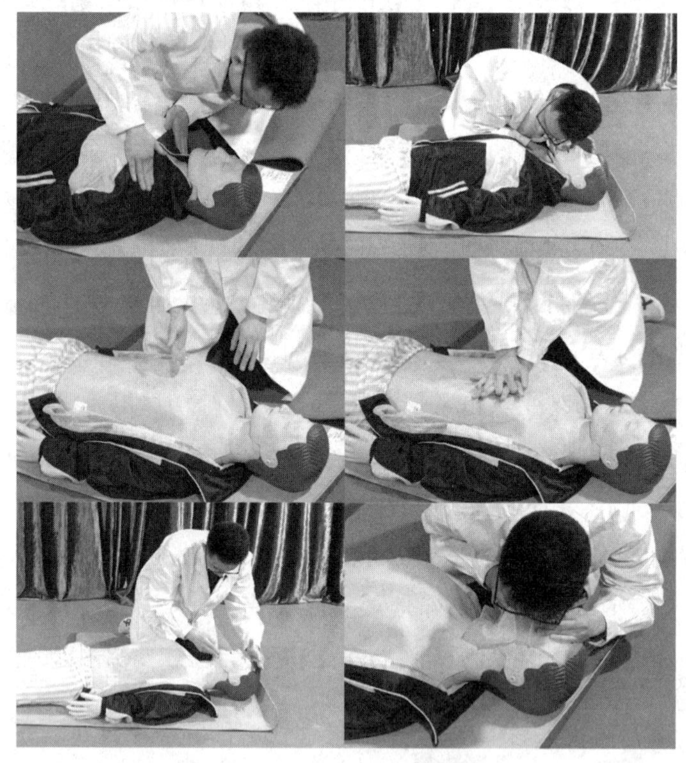

图3-3-27 心肺复苏操作流程

（二）现场急救

基础生命支持（BLS），又称为初步急救或现场急救，旨在心搏骤停后立即进行徒手复苏抢救，以保证心搏骤停患者的心脏、脑部和其他重要器官获得最低限度的急救氧供（通常可提供正常血供的25%～30%）。BLS的基本要素包括：突发心搏骤停

(SCA)的识别、紧急反应系统的启动、早期心肺复苏(CPR)以及迅速应用自动体外除颤仪(AED)进行除颤。BLS的步骤包括一系列连续的评估和操作(如表3-3-1所示)。

表3-3-1　不同人群基础生命支持步骤表

<table>
<tr><td rowspan="2">内容</td><td colspan="3">建议</td></tr>
<tr><td>成人</td><td>儿童</td><td>婴儿</td></tr>
<tr><td rowspan="3">识别</td><td colspan="3">无反应(所有年龄)</td></tr>
<tr><td>没有呼吸或不能正常呼吸(即仅仅是喘息)</td><td colspan="2">不呼吸或仅仅是喘息</td></tr>
<tr><td colspan="3">对于所有年龄段的患者在10 s内未扪及脉搏(仅限医务人员)</td></tr>
<tr><td>心肺复苏程序</td><td colspan="3">C→A→B,即胸外按压(C)→开放气道(A)→人工呼吸(B)</td></tr>
<tr><td>按压频率</td><td colspan="3">每分钟至少100次</td></tr>
<tr><td>按压幅度</td><td>至少5 cm</td><td>至少1/2前后径,大约5 cm</td><td>至少1/4前后径,大约4 cm</td></tr>
<tr><td>胸廓回弹</td><td colspan="3">保证每次按压后胸廓回弹;
医务人员每2 min交换一次按压职责</td></tr>
<tr><td>按压中断</td><td colspan="3">尽可能减少胸外按压的中断;
尽可能将中断控制在10 s以内</td></tr>
<tr><td>气道</td><td colspan="3">仰头举颏法(医务人员怀疑有外伤时:推举下颌法)</td></tr>
<tr><td>按压-通气比率(置入高级气道之前)</td><td>一或两名施救者:30:2</td><td colspan="2">单人施救者:30:2
两名医务人员施救者:15:2</td></tr>
<tr><td>通气:在施救者未经培训或经过培训但不熟悉的情况下</td><td colspan="3">单纯胸外按压</td></tr>
<tr><td>使用高级气道通气(医务人员)</td><td colspan="3">每6～8 s一次呼吸(每分钟8～10次呼吸);
与胸外按压不同步;
大约每次呼吸1 s;
明显的胸廓隆起</td></tr>
<tr><td>除颤</td><td colspan="3">尽快连接并使用AED;
尽可能缩短电击前后的胸外按压中断;
每次电击后立即从按压开始心肺复苏</td></tr>
</table>

1.评估现场环境及患者的意识状况

首先,急救者需要确保自己的安全,评估现场是否存在危险因素,如火灾、电击、气体泄漏等。只有在确认现场安全之后,才能进行急救操作。急救者轻拍患者双侧肩膀,并大声呼喊“你还好吗?”以刺激患者的意识。然后,观察患者是否有反应,如有回应或言语表达,则意识存在。如果患者没有呼吸或者只有喘息,即为没有正常呼吸。

2.脉搏检查

对于非专业急救人员来说,不再强调进行脉搏检查。如果遇到无反应、没有自主呼吸的患者,应该立即按心搏骤停的处理方式进行急救。而对于医务人员来说,一般可以使用一只手的食指和中指触摸患者颈动脉,感受有无脉搏(触点位于甲状软骨下方、胸锁乳突肌沟内)。检查脉搏的时间一般不能超过10 s,如果在10 s内仍然无法确定是否有脉搏存在,那么应立即进行胸外按压。

3.启动紧急医疗服务(emergency medical service,EMS)并获取AED

如果发现患者无反应、无呼吸,急救者应立即启动EMS体系(拨打120急救电话),并尽可能取得AED(如果可用)。然后对患者进行心肺复苏(CPR),在需要时立即进行除颤。如果有多名急救者在现场,其中一名急救者应立即按照步骤开始CPR,另一名急救者则应启动EMS体系(拨打120急救电话)并尽快取得AED(如果可用)。这样分工合作可以更快地为患者提供急救措施。对于淹溺或窒息引起的心搏骤停患者,急救者应先进行连续5个周期(约2 min)的CPR,然后再拨打120急救电话启动EMS体系。

4.胸外按压(compression, C)

在进行胸外按压(图3-3-28)时,需要确保患者仰卧于平地上,或者使用胸外按压板将其肩背垫高。急救者可以选择跪式或踏脚凳等不同体位,并将一只手的掌根放在患者胸骨中、下1/3的交界处,另一只手的掌根放在第一只手上,要注意手指不要接触胸壁。在按压时,急救者的双肘应伸直,垂直向下用力按压。成人按压频率为100~120次/min,下压深度为5~6 cm。每次按压后应让胸廓完全复位。按压时间与放松时间各占大约50%,放松时掌根部不能离开胸壁,避免按压点移位。对于儿童患者,可以使用单手或双手在乳头连线水平按压胸骨。对于婴儿患者,可以使用两个手指在乳头连线下方按压胸骨。

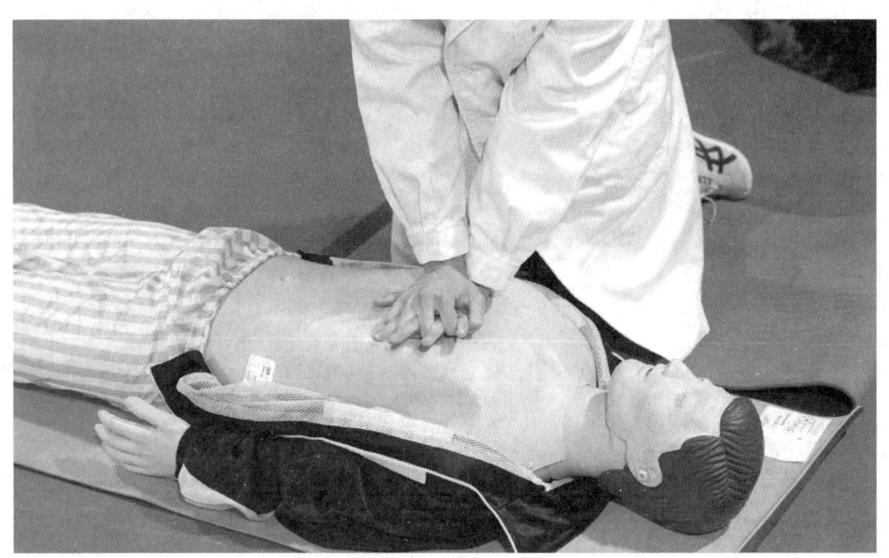

图3-3-28　胸外按压

为了尽量减少胸外按压中断，对于未建立人工气道的成人患者，建议采用的按压-通气比率为30∶2。对于婴儿和儿童患者，当有两名急救者时，可以采用15∶2的比率。如果有多名急救者进行施救，应每2 min或5个周期更换按压者。更换应在5 s内完成，因为研究表明，按压开始后的1～2 min内，按压的质量会开始下降(包括频率、压力和胸廓复位情况)。美国心脏协会曾强调，减少胸外按压的中断，持续、快速、有力地进行按压，尽量避免中断，因为过多的按压中断会导致冠脉循环和脑血流中断，显著降低心肺复苏成功的概率。

5. 开放气道(airway，A)

在CPR中，胸外按压应该在通气之前开始。胸外按压可以产生血流，所以在整个复苏过程中应尽量减少胸外按压的延迟和中断。调整头部位置、实施通气和使用球囊面罩等步骤需要花费时间，因此采用30∶2的按压-通气比率可以缩短首次按压的延迟时间。

在提供人工呼吸时，有两种开放气道的方法：仰头举颏法和推举下颌法。推举下颌法仅在怀疑头部或颈部有损伤时使用，此法可以减少颈部和脊椎的移动。仰头举颏法(图3-3-29)可以按照以下步骤进行：首先，将一只手放在患者的前额上，用手掌推动患者头部使其后仰；然后，将另一只手的手指放在下颌骨的下方；最后，提起下颌骨，使下颌骨上抬。在开放气道的同时，也应使用手指去清理患者口中的异物或呕吐物，如果患者有假牙应当取出来。

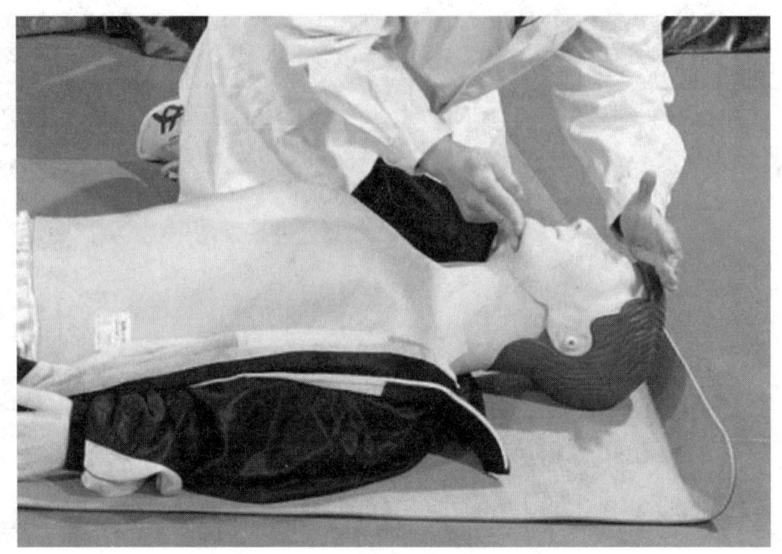

图3-3-29　开放气道

6. **人工呼吸**(breathing，B)

进行人工呼吸时,无须深吸气,只需进行正常的吸气。所有类型的人工呼吸(口对口、口对面罩、球囊-面罩或球囊对高级气道)都应持续吹气1 s以上,以确保足够的气体进入患者体内并使胸廓起伏。如果第一次人工呼吸未能使胸廓起伏,可以再次用仰头举颏法开放气道,并给予第二次通气。需要注意的是,过度通气(进行多次吹气或吹入过多气体)可能会产生负面影响,因此应尽量避免过度通气。在进行人工呼吸时,要保持适当的频率和吹气量,避免对患者造成不必要的伤害。

口对口人工呼吸(图3-3-30)是通过急救者的吹气力量,将气体送入患者的肺泡,由肺部的间断膨胀,维持肺通气和氧合作用,减轻组织缺氧和二氧化碳潴留症状。该方法的步骤如下:首先,将患者仰卧于稳定的硬板上,托住颈部并令头部后仰。然后,用手指清理患者口腔,清除气道异物。急救者使用右手拇指和食指捏紧患者的鼻孔,用自己的双唇完全包住患者的口,然后吹气1 s以上,使患者的胸廓扩张。最后,吹气结束后,急救者松开捏住的鼻孔,让患者的胸廓和肺通过其弹性自主回弹并呼气。重复以上步骤。对于婴儿和年幼儿童,可以稍微使其头部后仰,用口唇封住患者的嘴巴和鼻子,轻轻吹气进入患者的肺部。

如果患者面部受伤,可能会妨碍进行口对口人工呼吸,此时,可以进行口对鼻通气。先深吸一口气然后封住患者的鼻子,抬高患者的下巴并封住嘴唇,对患者的鼻子吹入气体。然后移开急救者的嘴,并用手将患者的嘴巴张开,这样气体就可以排出来。建立了高级气道后，每6～8 s进行一次通气，不要等到两次按压之间同步进行(即通气频率为8～10次/min)。在进行通气时，不需要停止胸外按压。

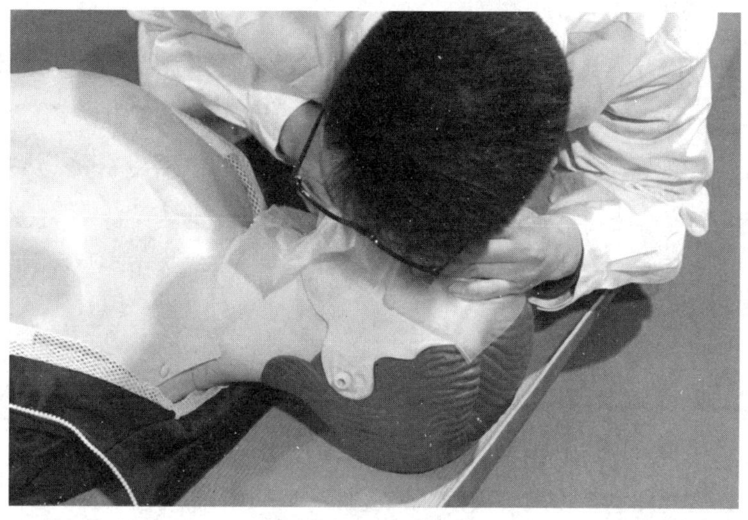

图3-3-30 人工呼吸

7.AED除颤

使用自动体外除颤仪(AED)进行除颤是治疗室颤(VF)的关键步骤(图3-3-31)。室颤是成人心搏骤停最常见但相对容易治疗的心律失常。针对VF患者，如果能在意识丧失的3～5 min内，立即实施心肺复苏(CPR)并使用AED进行除颤，则患者的存活率高。迅速使用AED进行除颤是治疗VF的良好方法。

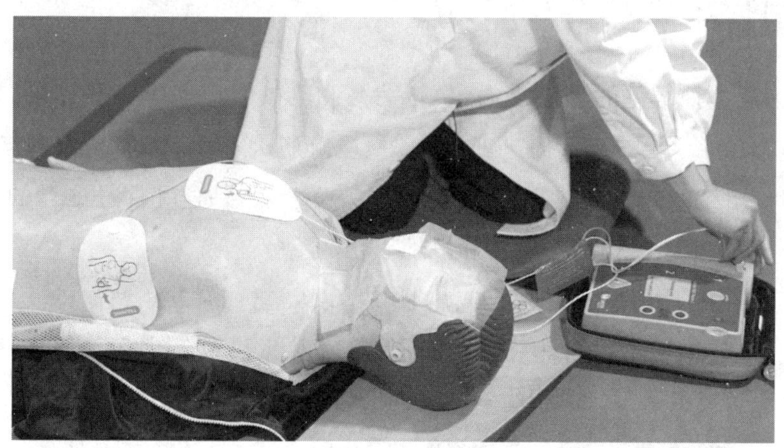

图3-3-31 AED除颤

第四节　运动损伤的治疗与康复方法

运动损伤的治疗与康复是一个综合性的过程，需要综合考虑受伤部位、损伤类型、疼痛程度和个体特点等因素。及时采取正确的治疗和康复方法，有助于伤处的康复和功能的恢复。运动损伤的治疗与康复的常用方法包括冷敷法、热疗法、按摩疗法、拔罐疗法、中药疗法、针灸疗法、固定疗法和伤后康复训练等。

一、冷敷法

冷敷通过降低局部组织温度来产生治疗效果。冷敷可以使血管收缩，减轻局部充血程度，抑制神经传导，具有止血、镇痛和减轻肿胀的作用；通常在急性闭合性软组织损伤的早期使用，即伤后立即进行冷敷。冷敷后应施加适当的压力包扎伤处，并抬高伤处。

常用的冷敷方法包括使用冰袋或寒冷气雾剂。使用冰袋时，将冰块放入塑料袋中，然后对伤部进行冷敷，每次约20 min。如果使用寒冷气雾剂进行局部喷洒冷敷时（不适用于面部），喷洒的细流应与皮肤垂直，距离皮肤20～30 cm，每次喷洒约10 s，避免喷洒过多，以防冻伤。如果条件限制，也可以将冷水毛巾放置在伤部，每2～3 min更换一次。

二、热疗法

热疗法是一种常见的物理疗法，包括热敷和红外线照射等。热疗可以扩张局部血管，促进血液和淋巴循环，促进新陈代谢，缓解肌肉痉挛，加速瘀血和渗出液的吸收，促进损伤组织的修复。热疗法具有消肿、解痉、减少粘连和促进愈合的作用，常用于急性闭合性软组织损伤的中后期和慢性损伤的治疗。

在进行热敷时，通常使用热水袋或热毛巾。每天进行1～2次，每次持续20～30 min。如果热水袋或热毛巾不再有热感，应立即更换。热敷可以促进伤部的血液循环和组织代谢，有助于组织修复。需要注意的是，热敷的温度应适中，以防烫伤。

红外线照射治疗时，先将红外线灯预热2～5 min，然后将灯移至伤部上方或侧方，与皮肤的距离为30～50 cm。照射剂量应以患者感到适度的热感和皮肤出现均匀红斑为准。如果患者感觉温度过高，应适当增加灯与皮肤的距离，并及时擦去汗液。每天进行1～2次，每次15～30 min。

三、按摩疗法

按摩是一种重要的治疗软组织损伤的方法，不仅疗效显著，而且经济、简便、易于学习和推广。只要正确使用按摩方法，不会产生副作用。

四、拔罐疗法

拔罐疗法

拔罐是一种利用杯罐作为工具的治疗方法。借助热力排去罐内的空气，形成罐内的负压，使罐能吸附在皮肤或穴位上，引起局部毛细血管扩张和皮下血液淤积，从而达到治疗疾病的目的。拔罐疗法常用于治疗陈旧性软组织损伤。

（一）火罐的选择

竹罐和玻璃罐是目前最常用的拔罐工具。进行拔罐时，应根据不同部位选择不同大小的火罐。通常情况下，对于面积较大或肌肉较厚的部位，应选择大号或中号的火罐；而对于面积较小或肌肉较薄的部位，应选择小号火罐。这样可以更好地拔罐。

（二）点火的方法

最常使用的方法包括投火法和闪火法。投火法是将小纸片或酒精棉球点燃后投入罐内，然后迅速将罐扣压在需要拔罐的部位上。投火法仅适用于侧面横向拔罐，避免已经燃烧的纸片或酒精棉球接触到皮肤引起烫伤。闪火法是用镊子夹住点燃的酒精棉球或纸片，伸入罐内并沿罐壁中段绕一圈后迅速抽出，然后立即将罐扣压在需要拔罐的部位上。

（三）留罐的时间

留罐的时间应根据罐的大小和吸力的强弱而定。罐较大、吸力较强时，留罐时间为3～5 min；罐较小、吸力较弱时，留罐时间可延长至10～20 min。天气寒冷时，留罐时间可以稍微延长；天气炎热时，留罐时间宜缩短，防止出现水泡。因此，留罐的时间应根据具体情况来灵活调整。

（四）起罐的方法

起罐时，需要用一只手扶住罐身，另一只手的手指按压罐口边的皮肤，倾斜罐子使空气进入罐内，从而使罐自然脱落。在起罐的过程中，切忌硬拉或旋转罐子，避免对皮肤造成损伤。

(五)拔罐的注意事项

在进行拔罐时,患者的体位要保持舒适。拔罐动作应迅速、精准、稳定。拔罐的部位一般选择肌肉厚、富有弹性的区域,而不应选择有毛发或骨骼凹凸处,避免罐子脱落。同时,皮肤有溃疡、孕妇的腹部以及腰骶部都不适宜进行拔罐。

五、中药疗法

中药在运动损伤的治疗中具有独特而系统的法则,并且拥有多种多样的治疗方法。它的特点包括内外兼治、价格便宜、使用方便、疗效明显。中药有外治和内治方剂:外治药包括外敷药、外搽药、渗透药、膏药和熏洗药等;内治药包括丸剂、散剂、酒剂和汤剂等多种剂型。近年来,还研制了各种针剂以及通过直流电导入药物等新的治疗方式。

在治疗运动损伤时可选择的外用药种类很丰富。主要的外用药有:(1)1号新伤药(郑怀贤方)。主要功能是退烧、消肿、止痛,适用于急性闭合性软组织损伤(早期)。(2)2号新伤药(郑怀贤方)。主要功能是退烧、消肿、止痛,适用于新伤局部疼痛、微肿、微烧、活动不能着力等症。(3)消肿散。主要用于早期急性闭合性软组织损伤,伤部红肿热痛的情况,具有清热、消肿、止痛的作用。(4)化瘀生新剂。主要用于急性闭合性软组织损伤(中期),具有祛寒、活血化瘀、生新、消肿的作用。(5)海桐皮洗剂。主要用于急性闭合性软组织损伤(后期)或慢性损伤,具有舒筋活络、活血化瘀、祛风湿的作用。

六、针灸疗法

(一)针灸治疗方法

针灸是一种常用的治疗运动损伤的方法,包括毫针刺法和灸法。

1.毫针刺法

毫针是最常使用的针具,由不锈钢或合金制成。通过刺激人体穴位,调和阴阳,扶正祛邪,起到通经络、调气血的作用。据统计,毫针刺法对100多种疾病有明显的疗效。治疗过程中,患者会感觉针刺部位出现酸胀重的感觉,这种感觉被称为“得气”或“针感”。针感的有无及强弱直接影响到治疗效果。一般来说,迅速出现针感的治疗效果较好，针感出现较慢的效果较差，无针感则可能无效。针刺的深度应根据患者的年龄、体质、下针部位和病情而定，一般以既有针感而又不伤及脏器为原则。留针时间为15～30 min。拔针时，先用左手的拇指和食指按压在针旁的皮肤上，右手持针轻轻捻转并向上提至皮下，稍停后迅速拔出，再将消毒棉球按压在针孔上，以防出血。

2.灸法

灸法是将艾绒制成艾炷或艾条，点燃后在特定的穴位上进行熏灼，给予温热刺激，通过经络的传导，起到温通气血，扶正祛邪的作用，从而治疗疾病。常用的灸法包括隔姜灸、温和灸和雀啄灸等。在运动损伤的治疗中，灸法常用于治疗陈旧性或慢性软组织损伤。

（二）穴位选择原则

根据具体病情和治疗需要，在选择穴位时应遵循就近取穴和循经取穴的原则，以获得最佳的治疗效果。(1)就近取穴：选择距离患处较近的穴位进行治疗。这种方法能够更直接地刺激患处附近的经络和组织，提高治疗的针对性和效果。(2)循经取穴：按照经络系统的走向，在相应的经络上选择穴位进行治疗。经络系统是中医学中重要的理论基础，经络具有运行气血、调节身体功能的作用，循经取穴可以更好地调节经络的流动，促进身体的自愈。

七、固定疗法

1.布类固定

使用绷带、三角巾等布制品进行固定。这种固定方法适用于对运动要求不高的损伤，比如关节扭挫伤、创伤性滑膜炎、关节半脱位整复术后和伤后关节稳定性差等。

2.粘胶固定

常用的粘胶固定材料包括粘膏、粘膏绷带和膏药等。这种固定方法适用于伤后需要限制关节、肌肉、肌腱活动范围的情况，如关节和韧带松弛等。在康复训练中，正确进行粘胶固定对促进创伤愈合、防止再伤十分重要。

常见的粘胶固定方法：(1)指间关节扭伤时，使用两条粘膏将伤指与相邻健指固定在一起。(2)第一掌指关节扭伤时，粘膏的缠绕以防止第一掌指关节过伸和外展为主。(3)膝内侧副韧带损伤时，先使用两条约4 cm宽的粘膏，自小腿向大腿交叉粘贴于膝内侧，然后使用3条粘膏横贴于髌上、大腿及小腿中部。(4)发生胫腓骨疲劳性骨膜炎时，可以使用弹力绷带从足部向小腿方向包扎。(5)踝关节距腓前韧带损伤时，先用粘膏将踝关节固定于轻度外翻位，然后使用弹力绷带进行包扎。

3.小夹板固定

这种固定方法适用于四肢急性损伤的临时固定，使用小夹板可以提供更稳定的支撑。

八、伤后康复训练

合理安排伤后康复训练对运动员具有很多益处：(1)运动员可以保持已获得的良好训练状态，一旦伤愈后可以立即投入正常训练，缩短伤后重新参加训练的时间。(2)康复训练可以防止因伤后停止训练而导致的各种健康问题，例如神经衰弱、胃扩张、胃肠道功能紊乱等。(3)运动损伤通常与技术动作密切相关，康复训练中不要练习受伤动作，确保伤处组织正常修复，避免再次受伤。(4)伤后康复训练还可以改善伤部组织的营养和代谢状况，促进组织修复，减少粘连，防止肌肉的失用性萎缩，并增强关节的稳定性和适应性。(5)康复训练还可以防止因伤后停止训练而导致的体重增加，对于体操、举重等运动员尤为重要。

(一)康复训练的原则

(1)在伤后康复训练中，应尽量保持全身和未受伤部位的训练。例如，当一侧肢体受伤时，可以锻炼对侧肢体；上肢受伤时，可以锻炼下肢。如果立位训练受限制，可以进行坐位或卧位训练等。这样可以避免伤后各器官系统功能状态和健康状况的下降。但要注意负荷量要适当，不可单纯加大未受伤部位的训练量来代替已受伤部位的训练量。

(2)合理安排已受伤部位的锻炼内容和负荷量，做到循序渐进、个别对待和分期进行。在急性损伤的早期，伤区可以暂时不活动，避免肿胀和疼痛加重。当急性症状减轻后，在不引起疼痛或没有明显加重疼痛的情况下，应及早开始活动，进行功能锻炼。一般来说，急性闭合性软组织损伤在受伤24 ~ 48 h后可以开始功能锻炼，轻伤无明显肿胀者可提早开始；损伤较重、肿胀明显者可稍晚开始。在基本痊愈后，才能参加正常训练。对于慢性损伤和劳损，必须先了解损伤的性质、程度和受伤机理，以及受伤部位组织的解剖生理特点，然后再确定康复训练的形式、内容和受伤部位的负荷量。从对伤情影响较轻的动作开始训练，逐步过渡到专项训练，要注意循序渐进和个别对待。负荷量的大小应以练习后无明显疼痛，次日原有症状未见加重为宜。一般来说，5～6 d后若无不良反应，才可适当增加负荷量。

(3)功能锻炼是伤后康复训练的主要内容，主要是加强受伤部位肌肉力量和关节功能的练习，促进肌肉和关节的恢复。在练习内容和方式上，要结合原动肌与对抗肌、大肌群与小肌群的锻炼，静力性练习与动力性练习，力量性练习与柔韧性练习。一般来说，可以先进行静力性练习，逐渐结合动力性练习；由不负重练习逐渐增加负重练习。

(4)在伤后康复训练中，要加强医务监督。每次训练都要进行准备活动，使用支持带保护受伤部位。训练前后进行按摩，密切观察受伤部位的情况，及时调整负荷量和练习内容。

(二)伤后康复锻炼的任务和方法

1.保持整体运动训练水平

停止训练会导致心血管和代谢的运动适应能力显著下降。经适当训练后，最大摄氧量可以增加5%～25%。然而停止训练2周后，增加的最大摄氧量开始逐渐消退，停训4～12周可消退50%，停训10周至8个月下降到训练前的水平，需要经过几个月的再训练才能恢复到停训前的水平。突然停止训练还可能导致停训综合征，其症状包括胸闷、气短、心悸、食欲减退、胃部不适、过度出汗、情绪不稳、头痛、失眠等，心电图检查可能显示心律失常、ST-T段异常，并可出现血脂升高等现象。这种综合征通常持续数周或几个月。

为了保持机体的运动适应能力，预防停训综合征，在伤后阶段也需要保持适度的运动。根据美国运动医学会的建议，可以进行60%～90%最大储备心率或50%～85%最大摄氧量的耐力运动，每次持续15～60 min，每周进行3～5次。可以利用未受伤的肢体进行运动，例如上肢受伤者可以选择跑步和爬楼等运动方式；下肢受伤者可以进行拉力器训练、举哑铃、手摇功率计或徒手体操。尽量选择与专项运动相关的运动方式。

2.恢复关节活动度和肢体柔韧性

在伤后恢复过程中，愈合组织的收缩与粘连、限制性制动等因素会缩小关节活动范围并降低肌肉柔韧性。为了恢复关节活动度和柔韧性，需要牵伸和拉伸受限制的组织,使其逐渐延长,但要避免使用过于剧烈的力量撕裂粘连的组织,以免造成新的损伤或引发骨化性肌炎等并发症。

恢复关节活动度的方法主要包括进行关节活动性练习,最好结合热疗和按摩,可以恢复关节的活动范围;进行与相邻关节相关的联合运动,以拉伸和伸展多关节肌肉,恢复整个肢体的柔韧性。

3.恢复肌肉功能

除了直接受伤的肌肉外,损伤后的制动及停止运动也会导致肌肉失用性萎缩。关节内损伤引起的疼痛和炎症可以反射性地抑制脊髓前角神经元,加速肌肉的萎缩,这被称为关节源性肌萎缩。肌肉功能恢复不良不仅会影响运动能力,还会损害关节的稳定性,导致关节重复损伤和创伤性关节炎发生,最终使运动员停止运动。因此,预防肌肉萎缩和促进疲劳恢复非常重要。

预防肌肉萎缩的主要措施是在不妨碍创伤愈合的前提下,尽可能不停止肌肉活动。受伤的肢体在制动期间应进行肌肉的等长收缩练习或接受肌肉电刺激,并采取积极的消炎止痛措施。对于运动损伤,如未伴有神经损伤,最好保持4级以上的肌力,并进行以各种阻抗练习为主的肌肉功能训练。可以酌情进行肌肉练习,但是练习不应引起明显的疼痛,疼痛被视为患部受到不良刺激,可能影响伤处愈合的信号。因此,应选择不引起疼痛的肌肉练习方式,如等长练习、多点等长练习、短弧等速练习等。有条件时可以进行等速练习,它的适应范围更广,效果更佳。另外,还应积极进行相应的治疗,尽快消炎止痛。

4.恢复运动协调与专项运动技术定型

伤后停止训练会导致运动技术退化,熟练的动作变得生疏。疼痛和肌肉无力会导致技术动作发生改变,动作变得不准确,这也是再次受伤的重要原因之一。因此,在恢复正式训练和比赛之前,需要进行运动协调和正确运动技术动作的恢复训练。这种训练实际上是重新学习运动技术的过程,有时可能需要数月的时间。这种训练应该在教练的指导下于训练场上进行。

5.在伤后康复锻炼中要注意保护和运用支撑带和运动支架

在伤后康复锻炼中,支撑带和运动支架具有重要作用。它们可以限制关节的特定运动范围,增加关节的稳定性,从而保护正在愈合的韧带和肌腱,并促进其良好愈合。同时,使用支撑带和运动支架还可以方便进行康复性训练和技术性训练,加快恢复运动能力,降低再次受伤的风险。支撑带和运动支架在许多关节韧带损伤的治疗中起着重要作用。

防护支撑带的种类很多,常见的包括粘胶、弹力绷带、黏胶绷带、黏胶弹力绷带等,适用于手指、腕、膝盖、踝关节等部位;各种宽度和硬度的腰围还可以用于限制腰椎的活动范围。

第五节　常见运动损伤

一、挫伤

挫伤，也被称为撞伤，是指钝性外力直接作用于人体某个部位而导致的急性闭合性损伤。例如，在运动中相互碰撞、被踢打或身体撞击器械时，都可能导致局部和深层组织的挫伤。常见的挫伤发生部位包括大腿和小腿的前部、头部、胸部和腹部。

（一）征象

1.单纯性挫伤

单纯性挫伤是指皮肤和皮下组织（包括皮下脂肪、肌肉、关节囊和韧带）的挫伤。在挫伤后，受伤部位会出现疼痛、肿胀、组织内出血、触摸时有疼痛感和运动功能障碍等症状。

2.混合性挫伤

除了皮肤和皮下组织受到挫伤外，还可能伴随其他组织器官的损伤。例如，头部挫伤可能伴发脑震荡或脑出血，胸部挫伤可能导致肋骨骨折，腹部挫伤可能引起肝脏或脾脏的破裂等。除了局部症状外，患者常常会出现休克。

（二）处理

1.单纯性挫伤的处理

单纯性挫伤的处理通常可以分为三个阶段，如果病情比较轻，可以将第二和第三阶段合并兼治。(1)限制活动期。在伤后的24～48 h内，限制活动，进行局部冷敷、加压包扎，同时抬高受伤的肢体并保持休息。对于较轻的挫伤，可以外敷安福消肿膏或使用1号新伤药。对于疼痛较重的情况，可以口服镇静剂和止痛药。(2)恢复活动期。在受伤24～48 h后，当肿胀基本消退时，可以拆除包扎进行温热疗法，包括理疗和按摩。在伤情允许的情况下，受伤肢体应尽早进行功能锻炼，逐渐扩大关节的活动范围。(3)功能恢复期。逐渐增加抗阻力练习，并参加一些非碰撞性运动，如乒乓球、羽毛球等，同时进行按摩和理疗等辅助治疗，直到关节的活动功能恢复正常。

2. 混合性挫伤的处理

对于混合性挫伤并出现休克的伤员，在经过急救处理后，应尽快将伤员送往医院治疗。

二、肌肉拉伤

拉伤是由于肌肉主动猛烈收缩或被动过度牵伸，超过了肌肉本身所能承受的限度而引起的损伤。常见的拉伤部位包括大腿后群肌、大腿内收肌、腰背肌、小腿三头肌等。

（一）征象

肌肉拉伤有以下常见的征象：(1)存在明确的受伤史。(2)受伤部位出现局部疼痛、压痛、肿胀、肌肉紧张、硬化、痉挛以及功能障碍等症状。(3)对受伤部位进行肌肉抗阻力收缩试验时会出现疼痛。(4)肌肉断裂者在受伤时伴有撕裂声、剧烈的闪痛；受伤后出现明显肿胀和严重的皮下血肿；在肌肉中间可以触及凹陷，而一端则凸起，呈现驼峰状；同时伴有肌肉功能的丧失。

（二）处理方法

对于肌肉轻度拉伤和肌肉痉挛的情况，可以采取以下治疗措施：制动受伤部位，并进行冷敷和加压包扎；让受伤的肢体处于可以使受伤肌肉放松的位置，以减轻疼痛。如果怀疑存在肌肉或肌腱断裂的情况，则应在受伤部位进行加压包扎，并固定患肢，立即送往医院进行确诊，必要时可能需要接受手术治疗。肌肉拉伤的患者需要高度重视伤后的康复锻炼。

（三）预防措施

在平时的训练中，需要注意加强易受伤部位肌肉的力量和柔韧性练习，以使屈肌和伸肌的力量相对平衡，这是预防肌肉拉伤的有效措施。此外，还应该充分做好准备活动，合理安排运动量，并纠正和改进动作与技术上的缺点，预防肌肉拉伤。

三、关节韧带损伤

踝关节损伤的康复训练

在外力的作用下，关节可能会发生超出正常范围的运动，导致关节韧带受到过度或剧烈的牵拉而发生损伤。轻微的损伤可能仅仅是少量韧带纤维断裂，而较严重的损伤可能涉及部分或完全韧带纤维断裂，甚至可能导致关节半脱位或完全脱位，同时还可能伴有关节内滑膜、软骨损伤或撕脱骨折等其他伤害。例如，在进行跑跳运动时，由于场地不平整，可能导致踝关节发生过度内翻，引起踝关节外侧韧带损伤；膝关节在屈曲130°～150°的情况下，如果小腿突然外展外旋或脚与小腿固定而大腿突然内收内旋(也称为膝外翻)，都可能导致膝关节韧带损伤。

(一)征象

关节韧带损伤有以下常见的征象：(1)伤后局部出现疼痛和肿胀；如果关节滑膜受伤或韧带断裂并伴有其他关节内组织损伤，那么整个关节可能出现肿胀或血肿。(2)受伤部位有明显压痛感。(3)关节活动功能受限，轻度情况下可能导致关节活动受限，难以承受重力；韧带完全断裂或撕脱时，关节可能感到不稳定或松动，严重影响关节功能。(4)侧搬试验是诊断韧带损伤的重要方法。如果进行侧搬试验时关节有疼痛感，表明韧带可能扭伤或存在少量纤维断裂；如果出现关节松动或超出正常范围的活动，说明韧带可能完全断裂。

(二)处理方法

(1)对于关节韧带扭伤或部分韧带纤维断裂的患者，在受伤后立即采取冷敷、加压包扎的措施，同时抬高受伤的肢体并休息，以减轻出血和肿胀。24～48 h内，可以拆除包扎固定，并根据伤情考虑采取中药外敷、痛点药物注射、理疗和按摩等辅助治疗方法。值得注意的是，在开始阶段，热疗和按摩只能施用于伤部周围，直到3 d后才可以运用在伤处局部。

(2)在韧带完全断裂的情况下，患者经过急救处理后，应尽快送往医院，以便进行早期手术缝合或固定治疗。

(3)在关节韧带损伤的治疗过程中，当关节肿胀和疼痛减轻后，在不引起疼痛或加重疼痛的原则下，应尽早进行伤肢的功能性活动，以防止肌肉萎缩和组织粘连，并促进功能的恢复。

(三)预防措施

在日常训练中，预防关节韧带损伤需要注意以下几点：(1)加强关节周围肌肉的力量练习和韧带的柔韧性练习，以提高关节的稳定性和活动度。(2)在进行运动前，进行充分的准备活动，包括热身运动和拉伸，可以很好地预防肌肉和韧带受伤。(3)学会正确的跑跳和投掷等动作，避免错误的姿势和运动方式对关节造成损伤。(4)在运动过程中，注意加强对关节的保护，避免过度使用和受力不均导致关节韧带损伤。(5)做好运动场地设备的维修和保管工作，确保场地的平整和安全，消除可能引起受伤的因素。

四、滑囊炎

滑囊是由结缔组织构成的密封小囊，其中含有少量滑液。它主要位于关节附近，在肌肉或肌腱附着处与骨隆起之间，其作用是减少肌肉、肌腱与骨之间的摩擦。滑囊损伤可分为急性损伤和慢性损伤两类。急性损伤通常是在直接外力作用下滑囊壁受到损伤而引起的创伤性炎症。例如，在跑步、排球、足球等运动中，膝盖碰地时可能引发髌前滑囊炎；足球守门员在扑出救球并将球抱住时，肘后鹰嘴撞击地面可能导致肘后滑囊炎。慢性损伤通常是由于局部活动过度导致滑囊壁反复磨损引起的炎症。例如，体操运动中的转肩动作或排球运动中的跳起扣球动作，上臂的过度外展外旋可能导致肱骨大结节与肩峰反复碰撞，进而损伤肩峰下滑囊。

(一)征象

滑囊炎有以下常见的征象：(1)疼痛。急性滑囊炎表现为明显的疼痛，活动时疼痛加剧。例如，膝部滑囊炎患者在活动时膝部会感到疼痛，特别是在跳跃、上下楼梯等需要小腿用力屈伸的活动中更加痛苦。慢性滑囊炎疼痛程度较轻，通常在进行特定动作时才会出现疼痛。(2)肿胀。在滑囊急性损伤后，滑液的分泌量增多或出现血肿，导致滑囊肿胀。特别是髌前滑囊炎、肘后滑囊炎的肿胀表现较为明显。可以观察到或触摸到大小不一、边界不明确的囊性肿块，并且会有较敏锐的压痛感。慢性滑囊炎由于囊壁增厚，肿块或小结节的边界一般相对清楚，同时也会出现压痛感。

(二)处理方法

对于急性滑囊炎患者，应暂停相关运动，并采取一些治疗措施：(1)可以局部外敷消炎、活血、消肿和止痛药物。(2)可以进行穿刺抽取滑囊内液体，然后再进行加压包扎，以减轻压力。(3)也可以在穿刺抽液后注入可的松类药物，并进行加压包扎。

对于慢性滑囊炎患者，可以尝试以下治疗方法：(1)理疗和针灸可以帮助缓解疼痛和促进康复。(2)也可以考虑在滑囊内注射可的松类药物，起到抗炎和止痛的作用。(3)注意控制局部负荷量，避免过度使用受损滑囊区域。

如果经过以上的保守治疗后效果不好,疼痛严重,影响活动或关节功能,并且滑囊壁增厚且病程较长的患者,可以考虑手术切除滑囊。

五、腱鞘炎

腱鞘,又称为滑液鞘,是一个由两层纤维膜构成的长形管状结构。内层纤维膜覆盖在肌腱表面,外层纤维膜连接于肌腱周围的韧带和骨头表面,两层纤维膜之间有滑液存在。肌腱腱鞘的主要作用是减少肌腱在活动过程中的摩擦,并防止肌腱在被拉伸时向侧方滑移。腱鞘的存在对维持肌腱的正常功能非常重要,有助于保护肌腱免受过度摩擦和损伤。同时,腱鞘保持肌腱处于正确的位置和运动轨迹,确保肌腱在维持关节的稳定性和正常运动中发挥作用。

(一)常见腱鞘炎

腱鞘炎在体育运动中非常常见,约占运动损伤的16%。其中,桡骨茎突部、手指屈肌腱和肱二头肌长头肌腱的腱鞘炎很普遍。这类疾病通常是训练安排不当导致局部过度使用所致,发病部位与运动项目密切相关。由于肌肉反复收缩,肌腱与腱鞘之间发生过度摩擦,从而引起腱鞘的创伤性炎症。

1.桡骨茎突部腱鞘炎

桡骨茎突部腱鞘炎是指位于桡骨茎突处的拇短伸肌和拇长展肌总腱鞘的炎症。桡骨茎突部外侧有一个窄而浅、不平的腱沟,两个肌腱被限制在这个狭窄且坚硬的骨韧带通道内。当进行小口径步枪射击时的托枪动作或举重时的举杠铃锁腕动作时,手腕向背部伸展并向桡侧倾斜,导致拇短伸肌和拇长展肌的肌腱在桡骨茎突部弯曲约105°,并在狭窄的腱沟内反复滑动,不断摩擦,最终引起腱鞘炎。需要指出的是,过度活动拇指和腕部都可能引起这种炎症。

2.屈指肌腱腱鞘炎

在每个掌骨颈与掌指关节的掌侧,存在着一浅沟,形成由骨头和韧带构成的骨性纤维管。拇长屈肌或者指浅屈肌、指深屈肌的肌腱分别通过这些管道进入拇指或第二、第三、第四、第五指。手指反复用力或者进行抓握重物的动作,以及长期从事劳动工作的人,肌腱与腱鞘之间会发生频繁的摩擦,从而引起屈指肌腱腱鞘炎。

3.肱二头肌长头肌腱腱鞘炎

肱二头肌长头肌腱从肩关节囊后穿出，进入肱骨结节间沟。这个沟的前面有一个横韧带，形成了一个由骨头和韧带构成的通道。由于肩关节反复做超过正常范围的转肩动作，或者上臂外展外旋，或者上臂上举后突然向后伸展等，使肱二头肌长头肌腱在结节间沟内反复抽动和横向滑动，发生频繁的摩擦从而引起炎症。

4.踝部腱鞘炎

由于踝部活动过度，肌腱与腱鞘不断摩擦，导致肌腱腱鞘发生创伤性炎症。例如，经常使用足尖跑步的人容易患上腓骨长、短肌腱鞘炎；竞走时脚跟先着地可能引发胫骨前肌、踇长伸肌和趾长伸肌腱鞘炎；经常使用足尖跑步、跳跃或踏跳的人可能患上胫骨后肌、趾长屈肌腱鞘炎等。

（二）征象

伤后会出现疼痛、肿胀、压痛和功能障碍等症状，需要仔细检查才能做出诊断。

1.桡骨茎突部腱鞘炎

表现为桡骨茎突部疼痛，可能是慢性进行性加重的。轻度患者在拇指活动时出现局部疼痛，重度患者的疼痛可能向前臂和肩部放射，且伴有拇指和腕部运动功能障碍。可触及轻度肿胀的桡骨茎突部，局部压痛明显，还可以感觉到腱鞘肥厚硬化的肿块。严重患者在伸展和外展拇指时能够听到摩擦音或弹响，并且在屈拇握拳后向尺侧倾斜时会产生剧痛感。

2.屈指肌腱腱鞘炎

表现为掌指关节掌侧的疼痛，有时疼痛可能向腕部放射。手指活动时疼痛加重，可能导致手指无法完全伸直或屈曲。当强迫肌腱通过狭窄的腱鞘部位时，会出现弹响，并且有局部压痛感，可以触及肌腱肥厚形成的小结节。病程较长的情况下，疼痛可能完全消失，只有交锁或弹响的现象存在，因此也被称为扳机指或弹响指。

3.肱二头肌长头肌腱腱鞘炎

表现为肩前部的疼痛，有时疼痛可能向上臂前方和三角肌下方放射。肩关节活动明显受限，特别是在上臂外展上举并向后做反弓动作时局部疼痛加重。肱二头肌长头肌腱（结节间沟）明显压痛且有轻微摩擦感，举重或肱二头肌抗阻力收缩时常伴有疼痛。

4.踝部腱鞘炎

腓骨长、短肌腱鞘炎表现为踝关节后外侧疼痛;趾长伸肌、踇长伸肌和胫骨前肌腱鞘炎表现为踝关节前方疼痛;胫骨后肌、趾长屈肌和踇长屈肌腱鞘炎表现为内踝后下方疼痛。踝关节在蹬地时出现疼痛、乏力甚至跛行;局部区域有肿胀和压痛,并且做肌肉抗阻力收缩时常伴有疼痛。

(三)处理方法

对于急性期或病程不超过一个月的患者,应该停止足尖跑、跳跃或举重等涉及受影响部位的专项练习。可以采用局部固定、中药外敷或熏洗、理疗、针灸等方法进行治疗;石膏固定2~4周或使用泼尼松龙和普鲁卡因混合液进行局部注射,效果较好。如果患者经过保守治疗没有效果或病程较长且影响日常活动等情况下,可以考虑手术治疗。

(四)预防措施

(1)合理安排训练:避免过度依赖单一的训练方法,减少局部负荷过大的风险。

(2)充分的准备活动:在运动前进行充分的准备活动,包括热身运动和伸展动作,有助于提前预热和准备肌肉、韧带和腱鞘。

(3)局部按摩或热敷:在运动过程中或运动后,对负荷较大或容易受伤的部位进行局部按摩或热敷。有助于促进血液循环、放松肌肉、减轻炎症反应和降低患部的紧张程度。

六、骨骺损伤

骨骺损伤是儿童和青少年常见的运动损伤类型之一。据统计,有6%~15%的16岁以下儿童和青少年会发生骨骺损伤,其中男孩比女孩更常见。这类损伤多发生在出生后的第一年和青春期前期,即生长发育加速期。骨骺可以分为两类:一类是受压骨骺,例如股骨头和股骨下端的骨骺,它们位于长骨的两端,构成关节的一侧,承受来自关节的压力,属于关节骨骺。另一类是受拉骨骺,例如股骨大转子和胫骨粗隆骨骺,它们位于肌肉或大肌肉的起止部位,主要承受肌肉的牵拉力。在运动中,成人常常会发生韧带断裂或关节脱位等损伤,而儿童更容易发生骨骺分离。

(一)损伤机制

1.急性损伤

急性损伤通常由间接暴力引起。常见的暴力形式包括剪切力、撕裂力、劈裂力和挤压力。剪切力和撕裂力造成的骨骺损伤通常是骨骺从干骺端分离,例如桡骨远端骨骺分离、肱骨内上髁骨骺分离等;由于血管未受损害,如果得到适当处理,不会影响骨的生长。而劈裂力和挤压力造成的骨骺损伤常常伴随骨骺骨折和血管损伤,从而影响骨的生长。

2.慢性损伤

慢性损伤的主要原因是运动负荷过大或训练方法不当,导致局部过度负荷或肌肉不断反复收缩。例如,儿童过多地进行支撑跳跃训练可能引发桡骨远端骨骺炎、肱骨小头骨骺炎和股骨头骨骺炎等炎症。反复牵扯股四头肌或腘绳肌可能导致胫骨粗隆骨骺炎或坐骨结节骨骺炎。此外,患有坏血病、佝偻病、内分泌紊乱等疾病时,更容易发生骨骺损伤。

(二)征象

1.骨骺骨折

当骨骺发生骨折时,可能会导致骺板的骨折和分离。这类损伤通常伴有明显的外伤史,患者在受伤后会出现疼痛、局部红肿、触痛和运动功能障碍,有些还可能出现畸形。儿童和青少年如果发生了关节扭伤或脱位,应考虑骨骺损伤的可能性。最终的诊断需要依赖X线的检查,有时可能需要拍摄对侧骨骼的X线片进行比较。

2.骨骺炎

骨骺炎一般没有明显的外伤史,其发病过程较慢,症状逐渐出现。患者局部会出现疼痛、肿胀、触痛和运动受限等症状。早期的X线片通常没有阳性征象,而晚期的X线片则显示局部骨质疏松、关节面变得更加致密、骨骺出现碎裂等征象。一般情况下,需要同时拍摄对侧骨骼的X线片进行比较。

(三)处理方法

骨骺分离或骨折的处理原则和方法与一般骨折相似,包括整复和固定。对于患有骨骺炎的关节病变,处理的重点是减少和控制局部负荷,适当的固定病变的关节。

此外，可以配合中药的外敷或内服，以及理疗、针灸和按摩等治疗方法，根据具体情况而定。

膝关节损伤的康复训练

七、髌骨劳损

髌骨劳损是髌骨软骨病和髌骨周围腱结构慢性损伤的统称。尽管这两类疾病可以单独发生，但通常会同时存在，因此用髌骨劳损来统称这两类疾病。髌骨劳损在篮球、排球等运动员中的发生概率较高。

（一）损伤机制

髌骨劳损主要是由膝关节长期承受过度负荷或反复微小损伤所引起的病症，尤其是在半蹲位姿势下。膝关节在半蹲位时，内外侧副韧带相对松弛，导致膝关节的稳定性下降，在这种情况下，髌骨和股四头肌成为维持膝关节稳定的主要结构。因此，髌骨周围腱止部和髌韧带承受的张力以及髌骨和股骨关节面所承受的压力较大。在半蹲位进行"发力"或扭转动作时，周围腱止部和髌韧带附着区域所受的张力更大。这会导致髌骨和股骨关节面之间的运动不匹配，产生挤压、错位和摩擦，当超过组织细胞的生理负荷时，会影响局部的新陈代谢，造成局部组织细胞的损伤和破坏，进而引发腱纤维出血、变性、增生、钙化，以及软骨细胞肿胀、龟裂和剥离等一系列病理改变。

在体育运动中，许多动作要求膝关节处于半蹲位（130°～150°）进行发力或移动，例如，在篮球运动中的滑步防守和进攻、急停和起跳，排球运动中的起跳和滚动救球，跳远时的踏跳，跳高时的最后一步制动，投掷铁饼时的半蹲转体，短跑时的起跑等。如果训练方法或运动负荷安排不当，在一段时间内膝关节承受过多的负荷，就可能引发髌骨劳损。

（二）征象

1.膝软与膝痛

膝关节损伤早期和轻度损伤的患者，可能只在进行运动量大的训练后感到膝关节酸软无力，但休息后这种感觉通常可以消失。随着损伤程度的加重，膝部酸软与疼痛逐渐加重，但在运动前进行了准备活动后这种症状可以减轻，而在运动结束后又会加重，休息后又可以缓解。随着病情进一步发展，疼痛可能变成持续存在，甚至会在走路和静坐时出现。膝软或膝痛与膝关节的动作密切相关,特别是在半蹲时更为明显,患者通常会在半蹲发力或移动时,以及上下楼梯时感到膝软与膝痛,甚至在半蹲发力时身体突然下降或摔倒。

2.膝关节积液

膝关节可能有不同程度的积液,即液体在关节腔内异常积聚。这种情况可能会导致膝关节肿胀并有不适感。

3.股四头肌萎缩

病程较长且症状较重的患者,常常会出现股四头肌萎缩,尤其是股内侧肌的萎缩现象较为明显。

4.抗阻伸膝试验阳性

通过对膝关节进行抗阻伸膝试验,可以观察到疼痛反应(阳性)。在该试验中,患者将膝关节伸至110°~150°之间时可能会感到疼痛。此外,按压髌骨周围或推动髌骨时,可能会在髌骨周缘触发压痛。

5.X线表现

早期的X线片通常不会显示异常,但在病情发展到晚期时,X线片可能会呈现髌骨关节间隙变窄、髌骨关节面上下缘骨赘形成、髌韧带增厚或钙化等异常现象。

(三)处理方法

关节髌骨损伤后其自身的修复能力非常有限,目前仍然没有特效的治疗方法。高位静止半蹲(站桩)是一种常用的方法,正确使用该法通常可以取得一定的治疗效果。其他方法包括针灸、中药外敷、按摩或通过直流电导入药物,以及利用可的松类药物在髌骨周围进行注射等。

在全面训练的基础上,加强股四头肌的力量训练对于预防髌骨劳损非常重要。对于易受伤的项目,可以规定参与该专项训练的运动员必须达到一定的股四头肌力量标准,例如踝部负重30~40 kg,并在40 s内完成10次以上的膝关节屈伸。每次训练课后进行单腿半蹲测试,以便及早发现和治疗问题。在运动后,要及时擦干汗水,注意保暖,防止受风受寒,并采取热水浴、按摩等方法加速局部疲劳的消除。

八、胫骨疲劳性骨膜炎

胫骨疲劳性骨膜炎是一种常见的运动损伤,尤其在初次参加运动训练的运动员中,特别是青少年中很常见。这种损伤具有典型的运动史、发病史和反复疼痛史。

(一)损伤机制

目前,关于胫骨疲劳性骨膜炎的发生机制存在两种主要的学说,即肌肉牵扯学说和应力学说。(1)肌肉牵扯学说。这个学说认为,胫骨疲劳性骨膜炎是由肌肉的过度牵拉所引起的。在运动中频繁进行踏跳和后蹬跑等活动时,小腿的屈肌群和胫后肌会不断地收缩,导致肌肉附着于骨膜的部位长时间受到牵拉、扭曲或紧张,这会破坏骨膜和骨质之间正常的连接,进而引发骨膜松弛、瘀血、水肿和出血等一系列病理性改变。还有人认为,在跑步或跳跃时,前脚着地时地面的反作用力会导致胫前肌的紧张,也可能导致胫骨疲劳性骨膜炎的发生。(2)应力学说。这个学说认为,胫骨疲劳性骨膜炎是局部骨组织受到过度负荷所致的。胫骨是负责支撑体重的骨骼结构,稍微向前突出,并呈现轻微的“S”形侧弯。这种结构使得力的作用线与胫骨的中心轴线不完全重合,导致在运动或活动中对胫骨施加的力量分布不均匀。在这种不均匀的力反复作用下,可能导致胫骨负荷过度,出现疲劳性损伤和骨膜炎症反应。

(二)征象

胫骨疲劳性骨膜炎的临床征象包括:(1)无明显外伤史,病情逐渐发展。(2)胫骨区域出现疼痛,常伴有局部灼热感。(3)小腿下段可能出现肿胀,并产生压痛。(4)疼痛在进行后蹬运动时加重。(5)X线片可显示骨膜的异常变化。

(三)处理方法

对于早期症状较轻的胫骨疲劳性骨膜炎患者,通常无须特殊治疗。可以通过采用弹性绷带裹扎小腿,减少下肢运动,并在休息时抬高患肢等方法进行自我疗养。这样的措施可以帮助减轻症状,促进愈合,大多数患者能够康复。对于经常出现疼痛或运动后疼痛较重的患者,建议休息,并使用弹性绷带包裹小腿,同时抬高患肢。此外,可以结合中药外敷、按摩、针灸,或者碘离子透入等方法进行治疗,可以进一步减轻疼痛和炎症反应。

当患者痊愈后,重新参加运动训练时,需要逐渐增加运动负荷,避免突然加大运动负荷导致疾病再发。适当控制运动强度和频率,合理安排休息和恢复时间,是预防胫骨疲劳性骨膜炎再次发生的关键措施。

(四)预防措施

胫骨疲劳性骨膜炎的预防措施:(1)合理安排运动负荷。避免局部负荷过度,尤其是对于初次参加训练的青少年,不要过于集中地进行跨步跑、后蹬跑、高抬腿跑或跳跃等动作。(2)正确掌握运动技术。学习正确的跑步和跳跃技术,特别注意动作的放松和落地时的缓冲,正确的技术可以减少对胫骨的负荷和应力。(3)避免硬质场地。尽量避免在过硬的场地上进行跑步和跳跃练习,因为这样的场地会加大胫骨受力的风险,应选择具有良好减震效果的场地进行训练。(4)做好准备活动。在进行运动前,进行充分的热身和伸展活动,提高肌肉的灵活性和关节的稳定性,有助于降低受伤的风险。(5)避免受凉。防止在运动后受凉,给身体适当保暖避免肌肉的紧张和损伤。如果感到肌肉疲劳,可以采用热敷或热水浴、按摩等方法及时缓解肌肉疲劳。

九、脑震荡

在头部损伤中,头皮、颅骨和脑三个部分的损伤往往不成比例。有时,严重的脑损伤可能出现在颅骨完整或者头皮受伤较轻的患者身上。脑震荡被认为是脑损伤中最轻微且最常见的一种类型。

(一)损伤机制

脑震荡的发生机制尚有争议,一般认为:当头部受到外力打击后,神经细胞和神经纤维会经历普遍的震荡,导致一时性的意识和功能障碍。这种现象被称为脑震荡,通常很快就能恢复,多数情况下没有明显的解剖病理变化。在一些体育运动中,如被足球、棒球击中头部,或者体操练习时从高处摔下导致头部撞击地面,都可能引发脑震荡。

(二)征象

脑震荡有以下特征:(1)头部有明确的外伤史;(2)伤后立即出现短暂的意识障碍;(3)意识恢复后出现逆行性健忘(即对伤前事情的记忆缺失);(4)意识恢复后,神经系统和生命体征(血压、脉率、呼吸)均恢复正常;(5)脑脊液检查(包括压力和细胞数)也没有异常。

（三）处理方法

在急救过程中，需要立即将伤者平卧并保持安静休息，不要让伤者坐起或站起。同时，要注意给伤者的身体保暖，可以使用冷水毛巾对头部进行冷敷。如果伤者昏迷，可以用手指按压人中、内关等穴位，或者让伤者嗅闻氨水，以促使其苏醒。对于呼吸停止的伤者，应立即进行人工呼吸。同时，要尽快请医生赶来处理或将伤者送往医院进行进一步诊治。

如果伤者的昏迷时间超过5 min，或者两侧瞳孔大小不对称，或者出现耳鼻出血、清水流出，以及咽后壁或眼球出现青紫，或者在恢复意识后出现剧烈头痛、呕吐，或再次发生昏迷，这些都表明伤情严重，必须立即将伤者送往医院急救。在转运过程中，受伤者应保持平卧并注意保暖。头颈两侧应使用枕头或卷起的衣物进行垫物固定，以防止头部颠簸、震动或摇晃。对于意识不清的伤者，要确保呼吸道通畅，可以侧卧或将头部转向一侧，避免呕吐物吸入气管或舌头阻塞气管导致窒息。此外，应密切观察伤者的病情变化。

对于没有严重症状、短时间意识障碍后快速恢复的伤者，在经过医生的诊治后，仍应将其平卧送回宿舍或家中休息，直到头痛、头晕等症状消失为止。在休养期间，需要注意脑力休息，保持安静的环境和充足的睡眠，不要过早参加紧张的体育活动或脑力活动，以免留下后遗症。一般来说，症状完全消失后，可以进行闭目举臂、单腿站立平衡试验来初步判断是否可以恢复体育锻炼。在恢复运动的最初阶段，需要注意观察动作的协调能力，以判断伤者是否已经完全康复。

思考题

1. 试述运动损伤的分类及相应的处理办法。

2. 试述不同绷带包扎法的应用场景和操作要领。

3. 试述心肺复苏操作要点。

4. 请比较冷敷和热敷的应用时机，思考其内在原理。

5. 哪些项目的运动员更容易出现胫骨疲劳性骨膜炎？该如何预防和处理胫骨疲劳性骨膜炎？

6. 试述运动损伤后康复锻炼的方法与内容。

第四章
授课视频

第四章 运动按摩

第一节　按摩概述

按摩是在人体体表的一定部位，运用各种手法和进行特定肢体活动的一种防治疾病的方法，通过手、足或器械等刺激人体体表部位或穴位，以提高或改善人体的生理功能，消除疲劳和预防、治疗疾病。按摩作为人类最早使用的医疗保健手段之一，在我国传统医学中占据着重要地位，具有悠久的历史和丰富的内容，我国现存最早的中医理论著作《黄帝内经》就记载了按摩的相关内容。

一、按摩的作用

（一）对关节和人体结构的影响

按摩通过力的作用，可以直接作用于人体的筋骨关节等组织，改善关节功能，调整和纠正人体结构发生的异常，使其恢复到正常状态。例如，由组织结构异常引起的关节错位或肌腱滑脱等病症，可以通过按摩来纠正异常。另外，对于组织的粘连，可以通过按摩施加的力来帮助松解。

（二）对神经系统的影响

按摩对神经系统具有调节作用，可以改善大脑皮质的兴奋和抑制过程。不同的按摩手法会对神经系统产生不同的影响，例如叩击法具有兴奋作用，而轻推摩法则具有抑制作用。同一种按摩手法的差异，如用力大小、频率快慢和持续时间长短等，也会对神经系统产生不同的影响。一般来说，用力大、频率快、持续时间短的按摩手法（如重推法）会起到兴奋作用；而用力小、频率慢、持续时间长的按摩手法（如轻推法）会产生镇静或抑制的作用。

（三）对循环系统的影响

按摩可以引起周围血管扩张，降低血液大循环中的阻力，并促进静脉血液回流，从而减轻心脏的负担，有助于心脏的正常工作；按摩还可以直接挤压淋巴管，促进淋巴液回流，增强淋巴系统功能；此外，按摩还可以调节血液的重新分配，调整肌肉和内脏的血液量，以满足肌肉在紧张工作时的需要。适当的按摩可以提升肌肉的伸展性，使紧张的肌肉得以放松，肌肉的放松又可以改善血液循环。按摩还能提高机体的免疫力。按摩通过刺激神经系统和免疫系统的反应，可以提高体内的免疫细胞活性，增强机体的抵抗力。

（四）对呼吸系统的影响

按摩胸背部或特定穴位可以通过反射作用使呼吸加深，从而改善呼吸道的通气功能和气体交换功能。因此，按摩可以预防和治疗慢性支气管炎、肺气肿和咳嗽等呼吸系统疾病。

（五）对消化系统的影响

按摩腹部或相关经穴（如足三里），可以调节胃肠的分泌功能和肠道蠕动功能，促进腹腔血液循环，从而改善和提高消化和吸收功能。按摩还能促进溃疡的修复和愈合。特别是捏脊疗法可以降低疳积患儿血液中胃泌素水平，使其恢复正常，同时提高小肠对营养物质的吸收能力。按摩还有助于提高慢性胆囊炎患者胆囊的排空能力，同时抑制胆道平滑肌的痉挛。

（六）对运动器官系统的影响

按摩能够扩张肌肉毛细血管和开放备用毛细血管，增强局部血液供应能力，改善营养供应状态，并加速排出疲劳时产生的乳酸，有助于减轻疲劳，提高肌肉的工作能力，并预防和治疗肌肉萎缩。经常按摩还能增强韧带的柔韧性，扩大关节活动范围，提高关节灵活度，有助于提高身体的运动能力，预防运动损伤，并让运动表现更好。

（七）对皮肤的影响

按摩可以直接作用于皮肤，去除老化的表皮细胞，从而改善皮肤的呼吸功能。此外，按摩还能促进汗腺和皮脂腺的分泌，使皮肤保持湿润、富有弹性。

二、按摩的注意事项与禁忌证

（一）注意事项

按摩是一种有效的治疗手段，具有十分重要的意义，但也需要特别注意以下几个方面。(1)按摩者应保持手部清洁，并将指甲修剪短。(2)被按摩者在接受按摩时应松弛肌肉，并方便按摩者的操作。(3)运动按摩时，按摩的方向应顺着静脉血和淋巴回流的方向（向心）进行。(4)按摩手法应正确，作用于准确的部位。(5)按摩手法应具备持久、有力、均匀、柔和以及渗透的特点。(6)按摩施力的节奏是开始时从轻到重,最后再由重到轻结束。

(二)禁忌证

禁忌证包括但不限于:(1)急性闭合性软组织损伤早期;(2)各种传染病;(3)各种恶性肿瘤的患部;(4)各种皮肤病;(5)烧伤和烫伤的患部;(6)各种血液疾病;(7)妇女在月经期和妊娠期的腹部;(8)骨折和关节脱位;(9)老年体衰者。

第二节　常用按摩手法

按摩手法是指使用手或其他身体部位，按照特定的技巧和规范化的动作，在体表上施加力量的方法。与日常生活中的简单运动不同，按摩手法具有一定的技术要求和动作规范，是一种融合力量和技巧的高级运动形式，也是治疗疾病的基本手段。

按摩手法要求具备持久、有力、均匀、柔和的特点，以达到深入渗透的效果。所谓持久，是指手法在一定时间内能够持续连贯地运用，动作保持稳定；所谓有力，是指手法需要施加一定的压力，但这个力度需要根据被按摩者的体质、疾病和施术部位等情况进行适当调整；所谓均匀，是指动作需要保持一定的节奏，速度不可忽快忽慢，压力也应均匀一致；所谓柔和，是指手法轻柔且有力度，既不过轻浮浅，也不过重僵硬，手法的转换需要自然流畅。以下是一些常用的按摩手法。

一、推法

推法

（一）手法

推法是一种按摩手法，用手指、手掌、拳面或肘部对特定部位或穴位，进行单方向的直线或弧形推动（图4-2-1）。成人推法主要采用单方向的直线推动，又称为平推法。常见的推法手法包括拇指端推法、拇指平推法、三指推法、掌推法、拳推法和肘推法。

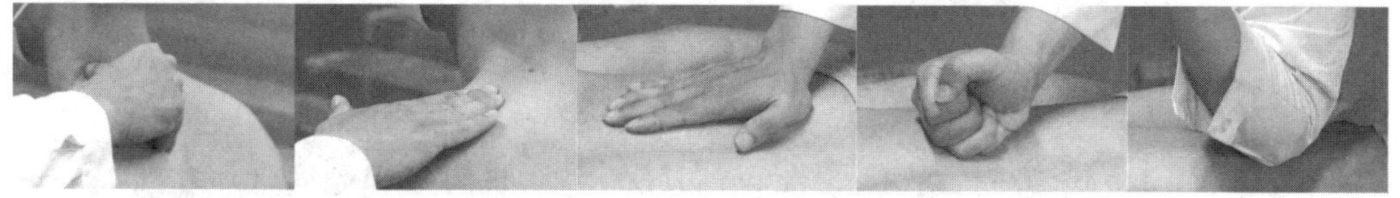

图4-2-1　推法

（二）操作步骤

按摩者要确保着力部位与体表密切接触，推进的速度应缓慢均匀，力度适中，推动动作应保持单方向直线。拳推法和肘推法应顺着肌肉纤维走行方向推动。拇指端推法和拇指平推法推动的距离较短，其他推法的推动距离较长。

（三）作用功效与适用部位

推法具有疏风散寒、活血化瘀、理气止痛、舒筋通络的作用。适用于头面部、四肢和胸腹部等部位。

拿法

二、拿法

（一）手法

拿法是一种按摩手法，用大拇指与其他四指中的任意一指或多指相对用力，提拿起身体的某一部位或穴位，并交替进行拿与放的动作（图4-2-2）。

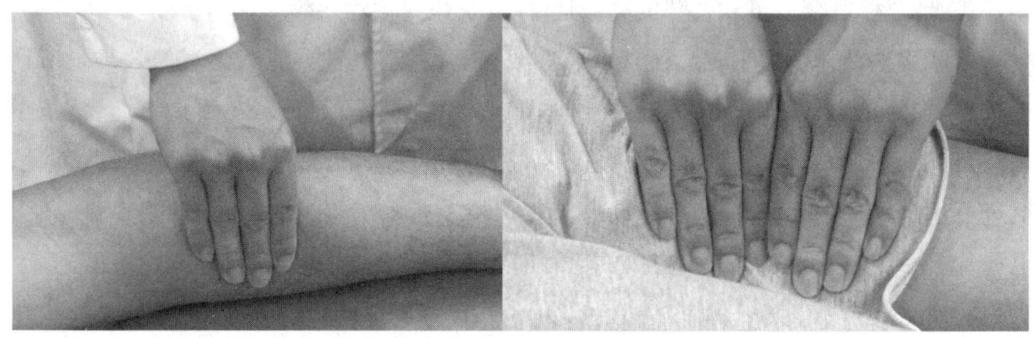

图4-2-2　拿法

（二）操作步骤

按摩者的肩臂应放松，手掌空虚，主要通过腕关节和掌指关节的活动来施力，以指峰和指面作为着力点，紧贴按摩部位进行操作。动作应柔和、连贯，注意蓄劲于内，力度集中于指尖，拿捏部位准确，用力由轻到重，紧拿轻放，带有提捏或揉捏的动作。需要注意的是，拿法的刺激较大，一般需要配合揉法进行；拿捏次数不宜过多，节奏要张弛有度。

（三）作用功效与适用部位

拿法可用于治疗头痛、落枕、颈椎病、四肢关节和肌肉酸痛等症状。拿法主要适用于较厚的肌肉筋腱部位，常用于颈项部、肩背部和四肢。

按法

三、按法

（一）手法

按法是一种按摩手法，利用手指腹、手掌或拳头对身体的特定部位或穴位施加向下的压力，在该处保持一定的压力并停留片刻，然后轻轻揉动（图4-2-3）。

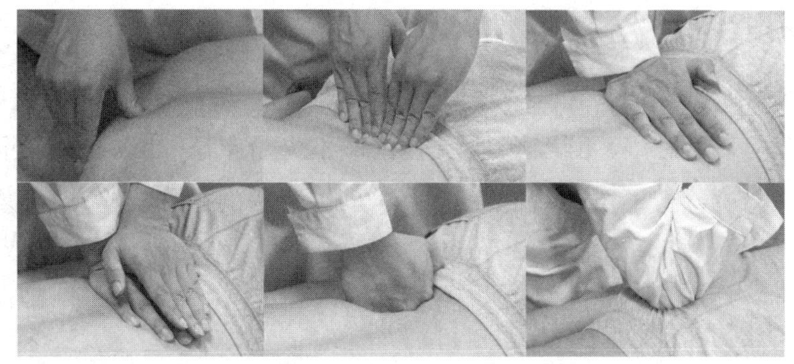

图4-2-3 按法

(二)操作步骤

按摩者用力的方向要垂直,力量逐渐加重,保持稳定而持久的压力。手指、手掌、拳面或手肘要紧贴在施术部位,不要移动。按摩期间,被按摩者可能会感到酸、麻、胀、痛等,并且这种感觉可能会放射到患部的上下或周围。在按摩结束阶段,要慢慢减小压力,不要突然撤力。

(三)作用功效与适用部位

按法具有消除肌肉紧张、温中散寒、疏经通络、活血止痛、开通闭塞、解除痉挛、纠正小关节紊乱及脊柱畸形等作用。按法通常与揉法配合使用,指按法适用于全身各处的穴位,而掌按法适用于背部、腰部和四肢等部位。

四、摩法

摩法

(一)手法

摩法是一种按摩手法,用手掌面或指面附着于人体某一部位或穴位上,以腕关节连同前臂做环形有节律的摩动(图4-2-4)。分为指摩法和掌摩法两种。

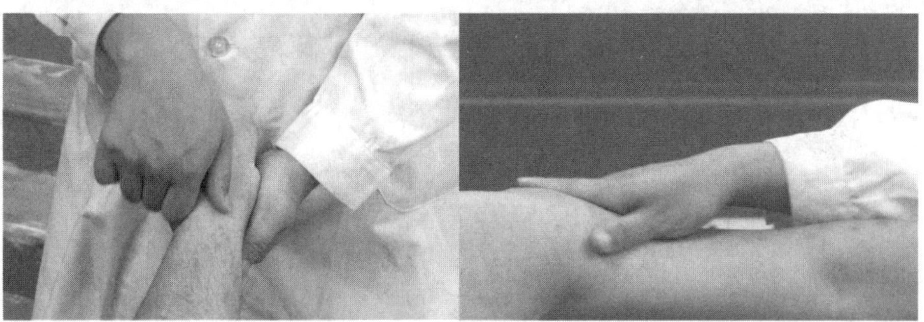

图4-2-4 摩法

(二)操作步骤

按摩者在操作时,肘关节保持自然屈曲,腕关节放松,指掌自然伸直。动作要柔和连贯,用力均匀适宜,轻重得当,既要轻盈而不失悬空感,也不能过重而失去流畅感。动作要有节奏性,不可忽快忽慢或中断。指摩法的操作宜轻快,每分钟大约为120次。掌摩法的操作相对略重缓,也要保持频率稳定,每分钟大约100次。

(三)作用功效与适用部位

指摩法和掌摩法都具有缓解疼痛、调和气血、和中理气、消散积聚和疏通滞涩等功效。指摩法适用于皮肉较浅的部位,比如胸胁部,可用于治疗胸胁胀痛等症状。而掌摩法适用于腹部,可用于治疗脘腹疼痛、消化不良、泄泻、便秘等肠胃功能失调的症状。另外,指摩法和掌摩法也可用于缓解外伤引起的肿痛问题。

揉法

五、揉法

(一)手法

揉法是一种按摩手法,使用手指、鱼际、掌根和手掌,轻柔、缓慢地旋转揉动在患者身体的特定部位或穴位上(图4-2-5)。根据着力部位的不同,可将揉法分为小鱼际揉法(以小鱼际为着力部位)、掌根揉法(以掌根为着力部位)和指揉法(以手指的螺纹面为着力部位)三种。

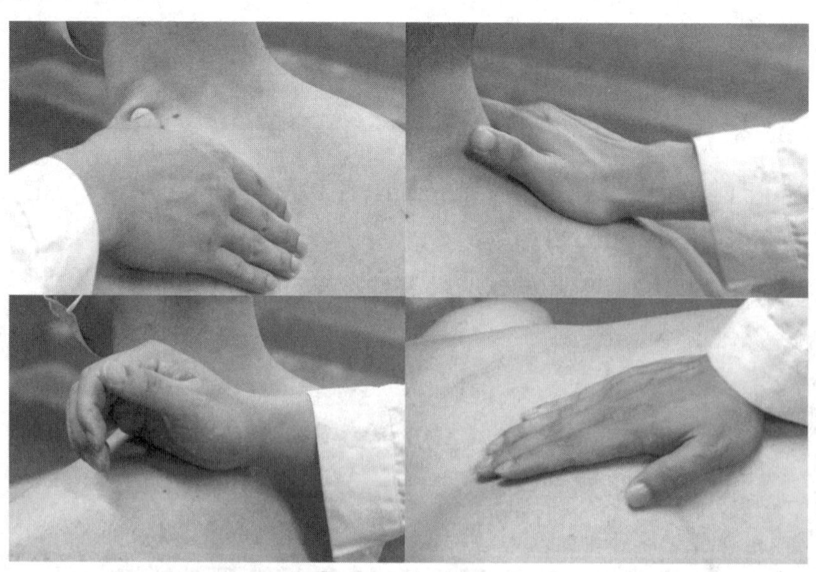

图4-2-5 揉法

（二）操作步骤

按摩者手腕要放松，通过腕关节和前臂的协调摆动来带动手指、小鱼际和掌根在按摩部位上做环旋状的揉动。动作要灵活，力量要柔和，既不能在体表造成摩擦，也不可故意在体表用力压迫。动作需要有节奏感，大约每分钟120～160次。

（三）作用功效与适用部位

揉法具有疏通经络、消肿散结、化瘀止痛、调中和胃的功效，主要用于治疗头痛、面瘫、胸胁痛、脘腹胀满、四肢软组织损伤等症状。揉法适用于全身各个部位，尤其是头面部、胸腹部和四肢关节。

六、擦法

擦法

（一）手法

擦法是一种按摩手法，用手掌的大鱼际、小鱼际和掌根，在被按摩者身体较长的一段区域上进行快速的来回摩擦，并产生一定的热量（图4-2-6）。擦法包括全掌擦法、大鱼际擦法和小鱼际擦法。

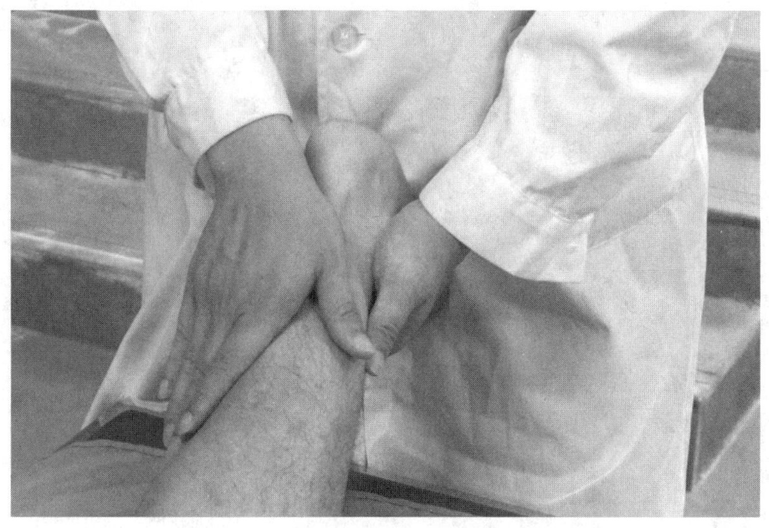

图4-2-6　擦法

（二）操作步骤

按摩者需要将手掌根部、大鱼际或小鱼际与皮肤紧密接触，不要施加过大的压力，手法应该是直线往返的运动，往返的距离应尽量拉长，力量要均匀，动作要连续不断，有如拉锯的感觉。擦法产生的热量应以透热为度，即按摩者在操作时感觉到擦动所产生的热量已经逐渐进入被按摩者体内，此时可称为“透热”，一般可以于此时结束操作。在按摩过程中，施加的力不可过大，否则手法会显得过重而不灵活，同时也容易擦破皮肤。在按摩时，常常会结合使用冬青膏、红花油等介质，减少对皮肤的摩擦。

（三）作用功效与适用部位

擦法具有振奋阳气、温通经络、行气活血、化瘀散结、祛风散寒、理筋止痛、健脾和胃的功效，适用于风寒外感、发热恶寒、风湿痹痛、胃脘痛、喜温喜按者，以及肾阳虚引起的腰腿痛、小腹冷痛、月经不调等病症。一般来说，胸腹部、两胁部、背腰部和四肢都适合使用擦法进行按摩。

搓法

七、搓法

（一）手法

搓法是一种按摩手法，用双手掌面或掌侧夹住患者的肢体，相对用力快速进行搓揉，并同时做上下方向的往返移动（图4-2-7）。搓法常作为推拿的结束手法，可以给人带来舒适的感觉。

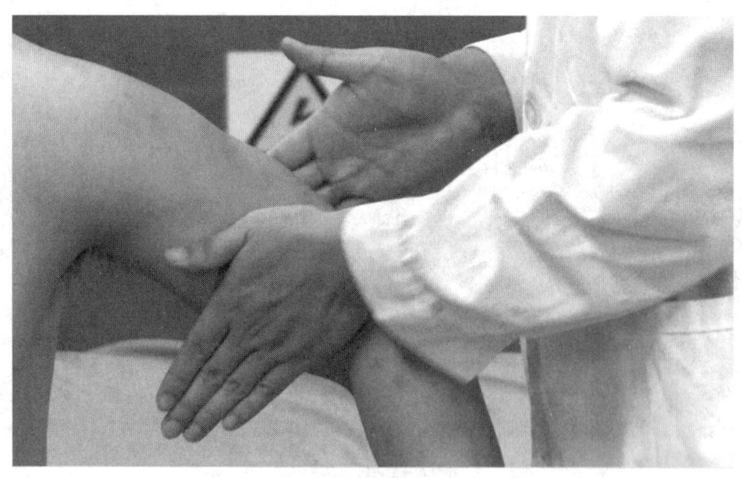

图4-2-7　搓法

（二）操作步骤

搓法中包含了擦、揉、摩等多种技巧，需要仔细体会。搓动时，手掌面在按摩部位的体表上会有小幅度的位移，被按摩者应有较强的放松感。搓动的速度应稍快，但从上向下的移动速度应较慢。不宜逆向移动，如果需要进行多次搓动，第二次搓动应从起始部位再次开始。按摩者的动作需要协调连贯，施加的力量不可过重，夹搓时如果夹得太紧，会使手法变得呆滞。

（三）作用功效与适用部位

搓法主要有调和气血、舒筋通络的功效。常用于治疗肢体酸痛、关节活动不畅以及胸胁部受伤等病症。搓法多用于四肢、背部和胸胁部，尤其是上肢应用较多。

八、摇法

摇法

（一）手法

摇法是一种按摩手法，按摩者一手抓住被按摩者肢体的远端，另一手扶住被摇动的关节（如肩关节、腕关节、髋关节），以摇动的关节作为支点，做肢体最大范围的环形往复摇动（图4-2-8）。

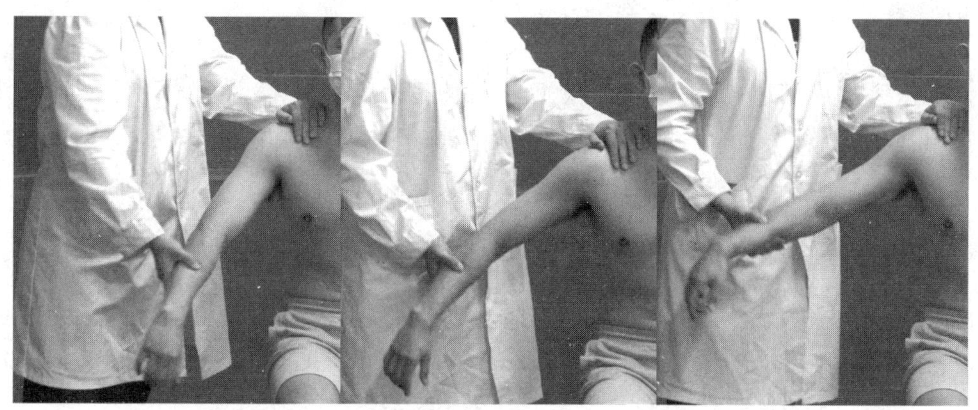

图4-2-8　摇法

（二）操作步骤

按摩者摇动的方向和幅度一定要在生理允许的范围内，或者在被按摩者能够忍受的范围内，同时摇动的力度应从弱到强逐渐增加。用力要柔和而稳定，速度要缓慢而均匀，动作要因势利导。

（三）作用功效与适用部位

摇法的作用主要是滑利关节、松解粘连、恢复关节功能等，主治半身不遂、肢体麻木以及肩周炎等症。广泛应用于脊柱和四肢的各个关节。

叩打法

九、叩打法

(一)手法

叩打法是一种按摩手法,可以用空心虚掌或手掌、尺侧面稍微用力进行拍打,叩打法可以分为叩击、拍击和切击三种类型(图4-2-9)。

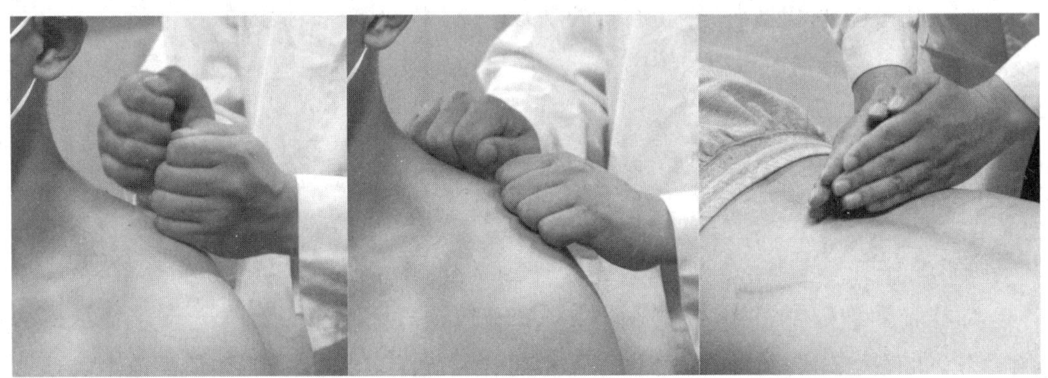

图4-2-9 扣打法

(二)操作步骤

叩击手法:半握拳,用拳头的尺侧面交替叩打按摩部位,力量要均匀,手指和手腕要尽量放松,发力集中在肘部。拍击手法:半握拳,或者张开手指,手掌心向下交替进行拍打,力量要均匀,手指和手腕应放松,发力在腕部。切击手法:手指伸直张开,用手的尺侧面进行切击,力量要均匀,发力在肘部,手应沿着肌肉纤维的走行方向进行切击,可以获得更好的按摩效果。

(三)作用功效与适用部位

叩打法的作用主要是疏调气机、活血通络,消除运动后肌肉酸痛的症状,促进血液循环,加速代谢,舒缓肌肉压力。叩打法多用于腰部、背部、臀部、下肢等肌肉丰厚的部位。

抖法

十、抖法

(一)手法

抖法是一种按摩手法,按摩者双手握住被按摩者肢体的远端,即上肢的腕部或下肢的足踝部,将被抖动的肢体抬高一定的角度(上肢坐位情况下向前外抬高约60°,下肢在仰卧位情况下抬离床面约30°);然后,双前臂同时施力进行连续的上下抖动,使抖动波由肢体的远端传递到近端，让被抖动的肢体和关节产生舒适感（图4-2-10）。抖法常常作为推拿的结束手法使用。

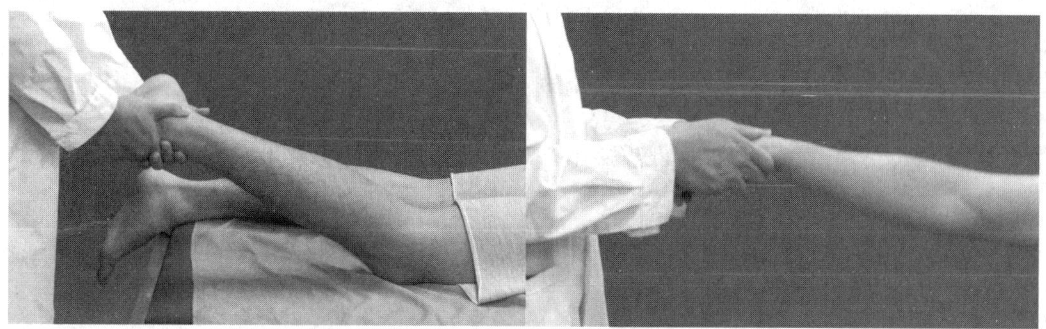

图4-2-10　抖法

（二）操作步骤

被抖动的肢体要保持自然伸直，并使肌肉处于最佳松弛状态。按摩者抖动的幅度要小，频率要快。上肢的抖动幅度应控制在2～3 cm，约每分钟250次；下肢的抖动幅度可以稍大，频率略慢，约每分钟100次。抖动时产生的抖动波应从肢体远端传向近端，如果传递不到位，说明施力有误。有习惯性关节脱位的被按摩者禁用抖法。

（三）作用功效与适用部位

抖法的作用主要是通经络、理筋骨、利关节，可以刺激肌肉和关节，促进血液循环，缓解疼痛和疲劳，改善运动功能。主要适用于四肢部位，尤其是上肢应用较多，常用于治疗肩周炎、颈椎病、髋关节筋痛以及四肢疲劳酸痛等病症。

第三节　穴位按摩

一、穴位概述

穴位是经络、气血在体表的特殊位点，是针灸和按摩的基本部位，既是治疗的刺激点，也是疾病的反应点。

（一）取穴方法

取穴方法

（1）指量法：以手指宽度为准，拇指的宽度为1寸（1寸≈3.33 cm，中医上以寸为单位，下文同），食指和中指两指的宽度为1.5寸，食指、中指、无名指、小指这四指宽度为3寸。

（2）解剖标志取穴法：①以眉发为标志，如两眉之间取印堂；②以棘突为标志，如第七颈椎和第一胸椎之间取大椎；③以乳头为标点，如两乳头之间取膻中；④以骨髁为标志，如阳陵泉在腓骨小头前下方。

（二）常用穴位的名称、位置和作用

1. 头面部常用穴位（表4-3-1、图4-3-1）

表4-3-1　头面部常用穴位

穴位	位置	主治
百会	头顶正中线与两耳尖连线点	头痛、头昏、高血压
印堂	两眉内侧端连线中点	头痛、头昏、感冒
太阳	眉梢与外眦之间后1寸凹陷处	头痛、失眠、眼病
人中	人中沟上1/3与中2/3交界处	急救穴
迎香	鼻翼外侧缘，鼻唇沟凹处	鼻塞、感冒、面瘫
风池	胸锁乳突肌与斜方肌上端之间凹陷处，平齐耳垂	头痛、颈痛、面瘫、失眠

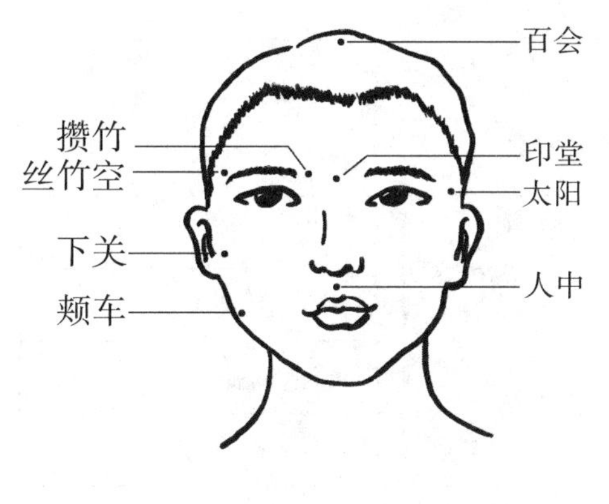

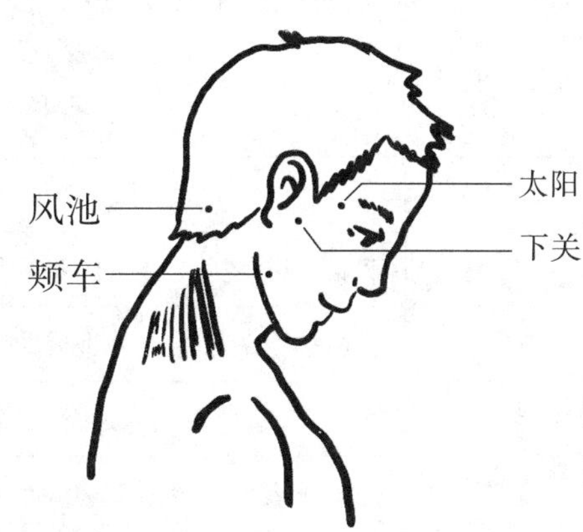

图4-3-1　头面部常用穴位

2.腰背部常用穴位(表4-3-2、图4-3-2)

表4-3-2　腰背部常用穴位

穴位	位置	主治
大椎	第七颈椎与第一胸椎棘突之间	发烧、感冒
天宗	肩胛冈与肩胛下角连线的上1/3与2/3交点	哮喘、失眠、落枕
肾俞	第二、三腰椎棘突间,旁开1.5寸	腰痛、肾炎
大肠俞	第四、五腰椎脊突间,旁开1.5寸	肠炎、肾炎
八髎	骶后孔处,左右共八穴(分上髎、中髎、次髎、下髎)	便秘、腰腿痛

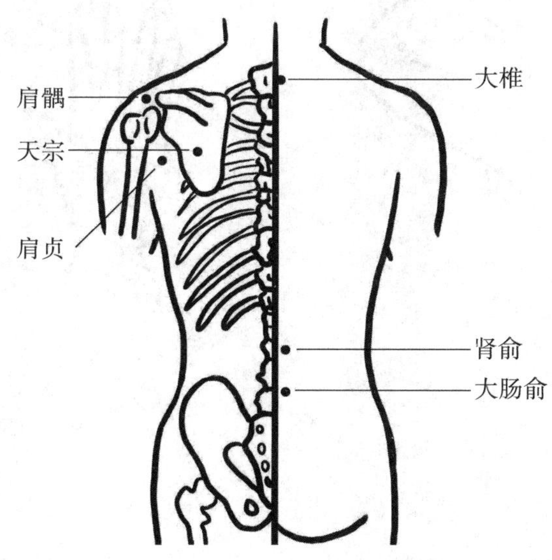

图4-3-2　腰背部常用穴位

3. 上肢常用穴位（表4-3-3、图4-3-3）

表4-3-3　上肢常用穴位

穴位	位置	主治
肩髃	肩峰与肱骨大结节之间举臂凹处	肩臂痛、上肢瘫痪
曲池	肘横纹尽头与肱骨外上髁之间	肩臂痛、肘痛、发烧
合谷	第一、二掌骨之间靠近第二掌骨体中间	牙痛、头痛、上肢痛
后溪	握拳第五掌骨头后掌横纹尽头	落枕、扭伤、肩臂痛
落枕	手背第二、三掌骨之间、掌指关节后一拇指宽处	落枕、手指麻木
十宣	十指尖端，距离指甲 0.1 寸处	中暑、昏迷、休克
外关	腕背横纹上2寸，尺骨与桡骨之间	腕痛、牙痛、上肢瘫痪
内关	腕横纹上2寸，掌长肌腱与桡侧屈肌腱之间	腹痛、胸痛、昏迷
扭伤	曲池穴与腕背横纹中点连线上 1/4 与下 3/4 交界处	急性腰扭伤

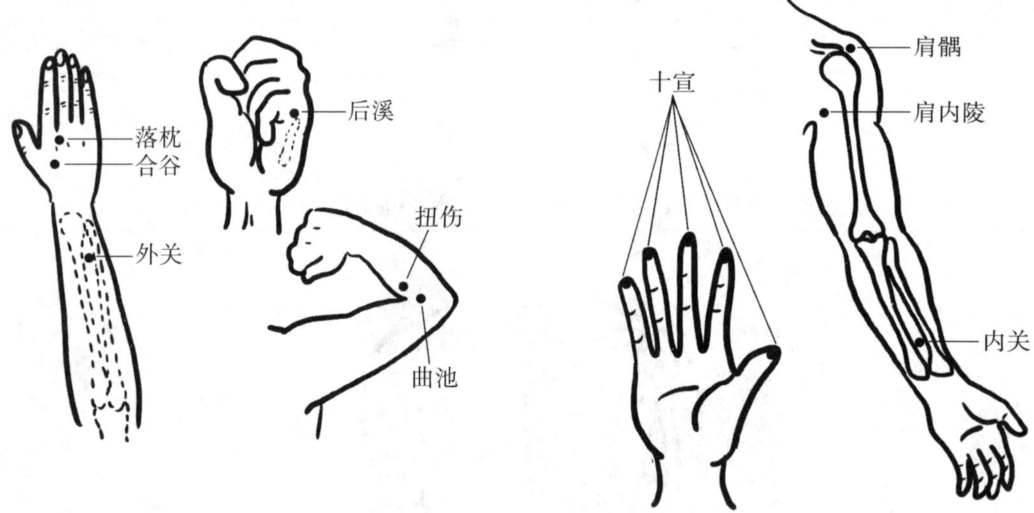

图4-3-3　上肢常用穴位

4. 下肢常用穴位(表 4-3-4、图 4-3-4)

表 4-3-4　下肢常用穴位

穴位	位置	主治
环跳	股骨大转子最高点与骶管裂孔连线的外 1/3 与内 2/3 交界处	股腿痛、下肢瘫痪
委中	腘窝横纹中点	腰腿、膝痛、下肢瘫痪
膝眼	屈膝髌韧带两侧凹陷中	膝痛、膝关节炎
阳陵泉	小腿外侧,腓骨头前下方凹陷处	膝痛、下肢麻痹
承山	伸直小腿或足跟上提,腓肠肌肌腹下的凹陷处	腓肠肌痉挛
足三里	外膝眼下 3 寸,距胫骨外侧一横指	腹痛、便秘
悬钟	外踝尖上 3 寸,腓骨前缘	踝关节扭伤、落枕
三阴交	内踝尖上 3 寸,胫骨侧缘后方	月经不调、下腹痛
昆仑	外踝与跟腱之间的凹陷处	踝痛、腰腿痛
太溪	内踝与跟腱之间的凹陷处	踝痛、腰腿痛
涌泉	足底第二、三趾趾缝纹头端与足跟连线的前 1/3 与后 2/3 交点处	昏迷、趾肌痉挛

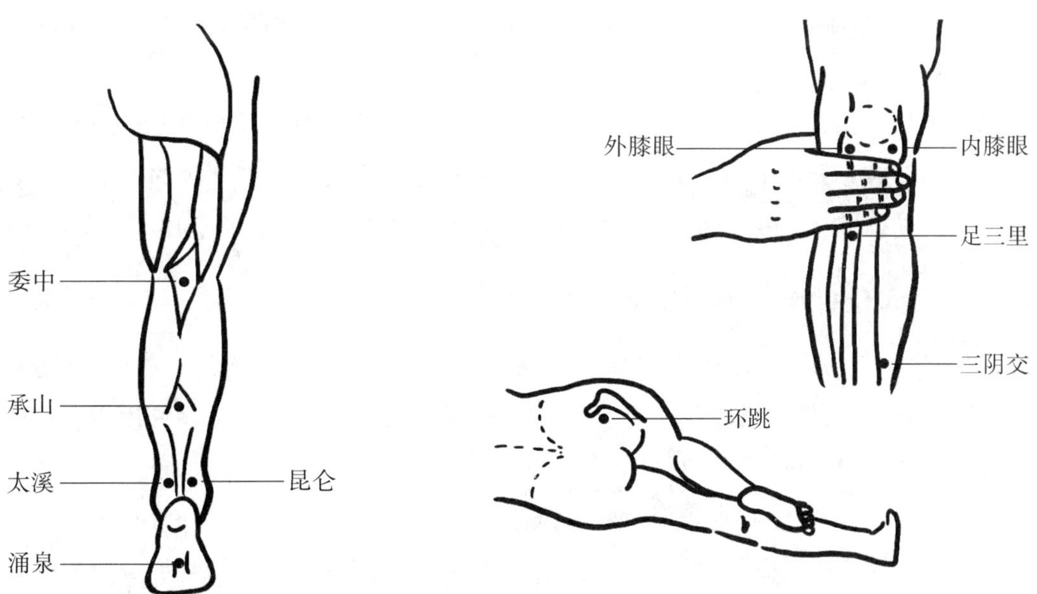

图 4-3-4　下肢常用穴位

(三)取穴原则

(1)局部取穴:在损伤局部取相应穴位(即局部压痛点,主治局部疼痛),或在损伤部位的周围、邻近部位取穴。例如,腰痛可取肾俞,腓肠肌痉挛可取承山等穴位。

(2)远隔取穴:指在远隔伤处的部位取穴,如腹痛可取足三里,腰痛可取委中等穴位。

二、穴位按摩

(一)概述

穴位按摩是中医学的重要组成部分,基于中医学理论和经络腧穴学说,通过在人体穴位上施以按摩手法,调节人体机能、消除疲劳和防治伤病。穴位按摩的目的是刺激人体特定的穴位,激发经络之气,从而达到通经活络、调整人体机能、祛邪扶正的效果。

常用的穴位按摩手法包括:按、摩、推、拿、揉、捏、颤、打等。其中按法又称为点穴,是最常用的手法。点穴是用拇指或中指的指端,或肘尖对穴位进行点压。在肌肉肥厚的部位,常使用肘尖进行点穴。在进行点穴时要注意力度不要过猛,从轻到重的施力,以引起酸胀反应为度。点穴后稍作停留,然后逐渐减轻力度,轻揉一下,以缓解点穴后的反应。

注意事项:(1)力度轻重。通常轻按为补益作用,重按为泻泄作用。(2)按摩的方向。顺时针按摩具有补益作用,逆时针按摩具有泻泄作用。(3)与呼吸的关系。一般在吸气时进行按摩,在呼气时松开手,这样可以更好地与身体的自然节律相协调。

治疗落枕

(二)穴位按摩示例:治疗落枕

(1)将左手或右手的中指、食指、无名指并拢,找到肩颈部疼痛处的压痛点(通常位于胸锁乳突肌、斜方肌等处),从轻到重进行按揉,约5 min。可以交替使用左右手进行按摩。(2)用小指关节部位,轻快迅速地从肩颈部自上而下、自下而上进行击打,2 min左右。(3)用拇指和食指捏握左右风池穴和肩井穴,持续1~2 min。(4)用拇指或食指点按落枕穴(位于手背的第2、3掌骨之间,指掌关节后约1 cm处),当有酸胀感觉时,再继续按摩2~3 min。(5)最后进行头颈部的前屈、后仰、左右侧偏和旋转等活动,动作要缓慢进行,切勿用力过猛。

第四节　运动按摩

按摩在体育运动中逐渐发展为运动按摩。运动按摩的目的是调整和保护运动员的竞技状态，提高他们的潜在体能，以取得更高的运动成绩。实践证明，运动按摩在创造卓越的运动成绩方面扮演着越来越重要的角色。按摩可以帮助运动员克服赛前的机能失调，调整比赛中的状态，消除赛后的疲劳，并加速体能的恢复，以便再次投入竞技。

一、运动前按摩

运动前按摩的目的是让运动员在训练和比赛前保持良好的状态。推拿和按摩可以增强肌肉力量，提高关节的灵活性和柔韧性，从而提升运动能力并预防运动损伤。一般情况下，运动前按摩应与准备活动相结合。推拿和按摩的时间为2~10 min，最好在训练或比赛前的最后15 min内进行。

（一）抑制性按摩

对于比赛经验不足的运动员，特别是初次参加比赛的运动员，他们可能在赛前的几天甚至一周内出现心跳加快、呼吸加深、胃肠不适、头痛和失眠等症状。而失眠又会增加运动员的紧张情绪，从而形成恶性循环。为了应对这些症状，可以进行赛前抑制性按摩，以下是抑制性按摩的操作步骤。(1)心理治疗。首先要进行心理治疗，帮助运动员放松心态。在此基础上，再进行按摩。(2)自然呼吸，闭目养神。运动员采取仰卧位，保持环境安静、光线柔和。运动员保持全身放松，自然呼吸，闭目放松。(3)擦摩印堂穴。用指腹擦摩印堂穴，顺时针方向旋转数次。(4)分推前额部，从前额正中向两侧轻轻推10~20次。(5)揉搓眼眶。用指腹揉搓眼眶周围，重复10~20次。(6)轻揉太阳穴。用指腹轻轻揉搓太阳穴，重复10~20次。(7)指揉头部穴位。使用指腹轻轻按揉头部穴位，每个穴位按揉5~10次。(8)搓揉头部。用整个手掌搓揉头部，打圈搓揉10~20次。(9)按摩腹部。顺时针方向进行10~20次腹部按摩。(10)捏揉上肢。自上而下捏揉上肢肌肉，重复10~20次；同时在内关、神门穴位点按5~10 s。(11)拿捏下肢后部。自下而上拿捏下肢后部肌肉，重复10~20次。

兴奋性按摩

(二)兴奋性按摩

对于赛前精神不振、兴奋性较低的运动员,首先需要找出造成这种状态的原因,并进行相应的心理调整。同时,可以采用按摩的方法来提高运动员的兴奋性,使其达到最佳的竞技状态,以下是兴奋性按摩的操作步骤。(1)点揉头颈部穴位。在一般的准备活动之后,训练或比赛前,让运动员坐下,按摩者站在其身后,用拇指指腹轻轻点揉百会、太阳、风池、大椎等穴位,每个穴位点揉5~10 s。(2)推揉肩颈肌肉。用手掌和指尖轻轻推揉运动员的肩颈肌肉,注意避免用力过猛,以舒适感为准。(3)掐、按各穴位。用指尖以适当的力度掐、按手三里、曲池、肩髃等穴位,每个穴位掐、按5~10 s。先按摩完身体一侧再换到另一侧。(4)扣点头部。按摩者将双手的五指指端并拢平齐,双手叩点运动员的颞部前额和枕部,每个穴位重复10~20次。

二、运动中的按摩

(一)短时间的间歇按摩

短时间的间歇是指在运动或比赛中项目的间歇时间不超过15~20 min,例如跳远、投掷、举重等每一轮比赛之间的休息时间,以及球类项目上半场和下半场之间的间歇。

由于时间较短,可以通过按摩快速调整运动员的兴奋和抑制过程。在这种短时间的按摩中,主要以经穴按摩为主。穴位的选择需要因人而异,根据情况灵活运用,以运动员感到体力充沛为宜。

(二)较长时间的间歇按摩

较长时间的间歇是指在训练或比赛中项目的间歇时间超过30 min,例如短跑、短距离游泳等每一轮比赛之间的休息时间。通常不使用全身推拿和按摩,而主要采用局部按摩和经穴按摩。

三、运动后按摩

运动后的按摩旨在消除疲劳、恢复体力。一般情况下,运动后按摩可以在运动结束后立刻进行,也可以在洗澡后或晚上睡觉前进行,如果运动员感到极度疲劳,需要让其休息2~3 h后再进行按摩。运动后的按摩包括局部按摩和全身按摩两种。

（一）局部按摩

按摩的顺序通常是先大肌肉群，后小肌肉群；先一侧，再换另一侧；以揉捏为主要手法。

（二）全身按摩

适用于训练强度大、运动量大以及极度疲劳的情况。一般在晚上睡前2 h内进行按摩，按摩时间为0.5～1 h。对于酸痛的部位，可以延长按摩时间。按摩的顺序通常是先头部，然后前胸、腹部，接着是背部、臀部，最后是四肢。按摩的手法以揉捏为主。

思考题

1. 试述按摩的作用和按摩的注意事项。
2. 请结合自身经历，谈谈运动前、运动中以及运动后按摩的作用。
3. 什么是穴位按摩？谈谈穴位按摩的重要性。

第五章
授课视频

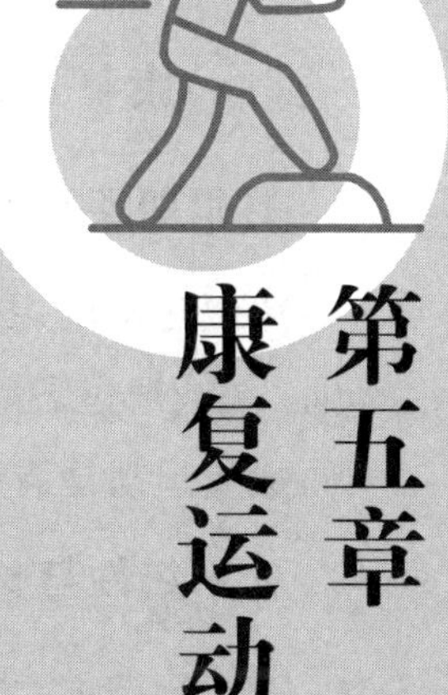

第五章 康复运动

第一节　康复运动概述

康复运动的实施原则及适应证和禁忌证

康复运动是以治疗和康复为目的,针对患者的具体情况而专门设计的一种运动和功能练习方法。与普通体育锻炼不同,康复运动在运动项目和方法的选择以及运动量的控制上更加严格,同时与其他治疗方法在内容、形式、作用效果等方面也存在差异。

(一)康复运动的实施原则

1.早期性原则

康复运动的主要目的是缩短临床康复和功能恢复的时间,使患者能尽早恢复运动能力,或通过锻炼增强体质,预防疾病。因此,根据病情和个体情况,及时、尽早地开展康复运动是最重要的基本原则。

2.系统性与长期性原则

康复运动是一种带有锻炼性质的治疗方法,只有进行系统的、连续的康复运动才能达到治疗效果。系统性指的是每天进行康复运动,至少隔一天进行一次,否则无法实现锻炼的效果。对于一些外伤后遗症,如关节功能障碍、肌肉萎缩和麻痹等,每天需要多次重复进行康复运动才能得到有效改善。

尽管康复运动对功能恢复有良好的作用,但这个过程往往较为缓慢,常常滞后于临床痊愈的时间。此外,康复运动不仅仅是恢复病变部位的功能,还能改善机体的协调性和提高对外界环境的适应能力。因此,康复运动具有长期性的特点,只有长期坚持下去,才能保持机体的良好健康水平。

3.循序渐进原则

在康复运动中,锻炼的开始阶段需要有一个过渡期。这意味着运动强度应从弱到强和运动总量应从小到大逐渐增加,运动内容也应由简单到复杂逐步过渡。按循序渐进的原则,让身体逐渐适应运动的刺激,不断提高机能,实现康复。这个原则的重点在于避免突然增加运动量或提高运动强度,如果不遵循这个原则可能对机体造成损伤,甚至加重病情。突然加大运动量可能会超过机体的承受能力,不利于身体康复。因此,运动的增量应适度,根据患者的身体状况和能够接受的程度来确定适当的运动强度和运动量,才能产生改善效果。

4.全面锻炼原则

选择康复运动的种类和方法时,需要综合考虑对患者机体的全身和局部作用,这意味着康复运动要将一般全身性运动与适合患者肢体的专门运动相结合。在利用专门运动对受伤的肢体进行局部作用时,需要考虑结合健康一侧的肢体运动和呼吸运动。编制康复体操时,需要注意避免运动过于集中在某一部位或某一侧肢体上。不仅要突出重点锻炼部位,还要与全身运动相结合,达到全面锻炼的效果。

5.个性化原则

所患疾病的性质、程度以及处于的阶段不同往往需要采用不同的康复运动方法。患者的功能损害和代偿情况不同,体质和年龄也不同,因此运动方法和运动量应该有所差异。在制定康复运动计划时,需要考虑到每个患者的个体化特点和康复需求。一般情况下,慢性病人、病情较轻者以及拥有较好体力的年轻人,可承受更大的运动量。他们可能需要进行更多的康复运动,以促进功能恢复和提高身体素质。对于急性病人、病情较重者以及中老年人来说,运动量应该适当减少,以防止过度负荷和进一步损害机体。

(二)康复运动的适应证

(1)不同类型的损伤和劳损。包括骨骼和关节的损伤、颈椎病、肩周炎、腰背疼痛、脊柱畸形和扁平足等;这些疾病通常由运动损伤、姿势不良、长时间重复动作等引起。

(2)部分慢性内科疾病。包括高血压、动脉硬化、冠心病、心肌梗死(恢复期)、慢性支气管炎、肺气肿、糖尿病、肥胖病等,这些疾病长期发展,对身体功能产生负面影响,康复运动可以改善这些患者的症状和提高生活质量。

(三)康复运动的禁忌证

(1)各种疾病和损伤的急性期。包括刚刚发生的疾病和损伤,需要在急性阶段给予适当的休息和治疗,在此阶段机体需要时间恢复,以减轻症状和促进病情稳定,而不是进行康复运动。

(2)发热、全身症状严重者。当患者出现发热和严重的全身症状时,康复运动可能会加重病情或导致并发症。在这种情况下,需要先进行全面的病情评估和适当的治疗,等病情稳定后再考虑康复运动。

(3)锻炼中可能出现严重并发症的情况。如果患者在锻炼过程中出现了严重并发症,如消化道出血,应避免进行康复运动。对于存在潜在风险的患者,应该谨慎进行体力活动,避免加重症状或导致进一步的健康问题。

(4)肿瘤等疾病尚在进展期或有明显转移风险时。对于肿瘤等疾病尚在进展期或有明显转移可能的患者,康复运动可能会对其健康情况产生负面影响,不宜进行。

第二节　康复运动的方法与应用

一、康复运动的方法

（一）医疗体操

医疗体操作为康复运动中最常采用的功能性运动项目之一，其特点为动作的分析性，即根据患者的功能活动情况，选择特定的身体部位，例如四肢、躯干或头颈部等，进行功能性运动练习。医疗体操的分类方法通常有以下几种。

1. 根据运动的用力方式分类

（1）主动运动。

患者自己用力完成的一种功能性运动。主动运动对于肌肉和关节运动功能的恢复，以及神经系统功能的改善有良好的作用。

（2）被动运动。

被动运动是一种运用外力来辅助肌肉和关节进行运动的训练方法。在被动运动中，患者完全不用自己的力量，而是依靠外力来完成动作。进行被动练习时，应固定近端关节，远端肢体的重量由外界的助力支持，以确保运动更加充分。运动通常应在无疼痛的范围内进行，动作应缓慢，逐渐加大活动幅度，严禁做过于剧烈的动作。

（3）助力运动。

助力运动是患者依靠自身的主动力量进行骨关节活动，但由于肌肉力量不足，需要借助外力来完成动作的一种训练方法。助力通常可以由器械、他人或患者自身的健侧肢体来提供。在进行助力运动时，应以患者的主动用力为主，助力作为辅助，并相互配合，避免完全依赖助力或助力代替主动用力的情况发生。

（4）抗阻运动。

抗阻运动是一种患者需用力克服外部施加的阻力才能完成运动的训练方法。在进行抗阻运动时，阻力的大小应根据患肢肌肉力量来确定，以患者经过努力能够完成动作为原则。

（5）放松运动。

放松运动是一种通过运动来放松肌肉和调节高级神经活动的训练方法。放松运动作为一种专门的运动形式，广泛应用于痉挛性麻痹、高血压、腰背肌肉紧张性腰痛、呼吸肌肉紧张性哮喘等患者的康复运动中。此外,在进行用力性肌肉收缩运动后,也应进行放松练习,有助于消除肌肉疲劳。

2.根据运动是否使用器械分类

(1)徒手运动。

徒手运动是一种无须使用任何器械的体操运动。根据治疗的需要,徒手运动可以是全身性的运动,也可以是针对特定关节的局部运动。

(2)器械运动。

利用器械的重量、杠杆作用、惯性力量、摩擦力、机械动力等与器械相关的力量进行的主动、抗阻、助力或被动运动。

3.根据运动的目的分类

(1)矫正运动。

矫正运动是一种通过肢体运动结合躯干运动,或者仅针对身体某一部分的单独运动来矫正畸形的训练方法。其主要目的是,在有利于矫正畸形的预备姿势下进行选择性地增强肌肉练习,以增强因畸形牵拉而削弱的肌肉,加强所有能促进畸形矫正的肌肉群,并同时伸展因畸形影响而缩短的肌肉和韧带。在进行矫正运动后,必须给予患者足够的休息时间或进行一些呼吸运动和放松活动。矫正运动常用于矫正脊柱、胸廓畸形,以及平足和其他不正常畸形。

(2)协调运动。

协调运动是一种旨在恢复和加强机体协调性的运动形式,常应用于中枢神经疾病、周围神经疾病或神经损伤等患者的康复运动,如偏瘫、脑震荡、脑挫伤等。协调运动的表现方式主要体现在以下几个方面:①对抗肌肉和协同肌肉的协调。增强运动中对抗肌肉和协同肌肉之间的协调性,有利于肌肉的协调运动,使动作更加流畅和准确。②肢体运动和躯干运动的协调。练习促进协调的动作,可以增强肢体和躯干之间的协调性。③上下肢动作之间的协调。增强上下肢动作之间的协调性,可以提高动作的连贯性和协调性,使上下肢之间的动作更加协调和统一。④左右侧肢体之间的动作协调。通过训练将左右侧肢体的动作协调起来,可以提高身体的平衡性和协调性。

(3)平衡运动。

平衡运动是一种旨在恢复和改善平衡功能的练习方法。对平衡机能进行专门的运动练习,可有效地促进平衡机能的恢复和发展。平衡运动直接作用于前庭器官,能增强前庭器官稳定性，从而提高身体的平衡能力。由神经系统或前庭器官病变引起平衡功能失调的患者，如梅尼埃病患者，很适合进行平衡运动。

(4)呼吸运动。

呼吸运动在医疗体操中扮演着非常重要的角色。常见的呼吸运动包括一般呼吸运动、局部呼吸运动和专门呼吸运动三种形式。一般呼吸运动既包括简单的静态呼吸运动，还包括与肢体运动相配合的呼吸运动，这类呼吸运动的目的是调节呼吸量，改善呼吸功能，促进血液循环，减轻心脏负担。局部呼吸运动和专门呼吸运动主要适用于患有慢性支气管炎、肺气肿、支气管哮喘、胸膜炎等呼吸系统疾病以及胸腔手术后的患者。

(二)医疗运动

医疗运动是一种将一般体育运动用于疾病的预防、治疗和康复的方法。包括各种形式的运动，比如走路、慢跑、骑自行车、上下楼梯等周期性运动，以及游泳、划船和球类运动等。

(三)我国传统的康复运动

1.太极拳

太极拳是一种动作连贯、柔和的拳术，其动作要求运用无力的力量、专注的精神，在运动中呼吸开合、循环流动。太极拳的练习既可以静中修养，也可以动中锻炼。建议每次练习时间不少于15 min，以身体感到微热、微汗为宜。根据治疗需要，可以选择一些特定的动作或重点练习某些技巧。目前，太极拳被中老年人和患有长期疾病的体弱者当作一种延年益寿和康复、保健手段。太极拳缓慢而柔和的动作有助于提升身体的柔韧性和平衡能力，同时还能增强心肺功能和促进血液循环，对提升健康状况有着积极的影响。

2.五禽戏

五禽戏是一种根据虎、鹿、熊、猿、鸟五种禽兽的动作而编制的运动，主要用于强身健体和治疗疾病，同时也可以根据需要选择其中的某些动作进行特定的练习。比如，如果想提高腰髋关节的活动性，可以选择练习虎戏动作；如果想提高身体的灵敏性，可以选择练习猿戏动作；如果想提升平衡能力，可以选择练习鸟戏动作；如果想锻炼步行能力，可以选择练习鹿戏动作；如果想增强肌力，可以选择练习熊戏动作。

3. 八段锦

八段锦是由八个动作组成的健身功法，特点是在站立、屈膝或马步姿势下进行练习。主要涉及上肢的运动，也包括少量躯干和头颈的动作。练习时，动作与呼吸、意念相结合，根据个体体质和病情决定用力的大小，中等体力或慢性病患者就很适合练习八段锦。八段锦除了具有调整呼吸和意念的作用外，还能加强上肢和下肢的肌肉力量，同时对胸腹部肌肉也有一定的锻炼作用。此外，八段锦对预防和治疗脊柱畸形和胸廓畸形也有一定的效果。

二、康复运动的应用

康复运动常作为以下几种慢性疾病的治疗手段。

脊柱侧凸

（一）脊柱侧凸

脊柱侧凸是中小学生中最常见的形态发育异常，脊柱的一段或几段向侧方弯曲形成一个弧度，导致胸廓和肋骨变形。这种异常在青春期更容易发生，并随着年龄的增长而加重。严重的脊柱侧凸会影响呼吸功能，导致肺活量减小，心脏功能逐渐减退，更严重者会出现脊髓压迫和瘫痪的情况。成年后，骨骼不再发育，畸形加重的速度会减缓，大约每年进展1°。导致脊柱侧凸的原因有很多，其中少数人是由先天性脊柱发育异常或脊柱本身的病变（例如脊柱结核）引起的，而多数人是由坐姿、站姿或劳动姿势不当导致的姿势性脊柱侧凸。固定地使用某一侧肩膀背负较重的书包或单手提拿重物是引起青少年脊柱侧凸的重要原因。

1. 脊柱侧凸康复运动的方法

脊柱侧凸的康复运动通常以矫正体操为主。编制矫正体操的基本原则是对脊柱进行与畸形方向相反的运动，重点加强凸出侧已被拉长且衰弱的韧带和肌肉力量，同时牵伸凹入侧已挛缩的组织。矫正体操包括各种悬垂、牵引、攀登、压迫以及卧平板等动作。矫正体操可以徒手，也可以借助肋木架、体操棒等辅助工具。同时，还需要注意加强全身锻炼，并将主动矫正练习与被动矫正手段相结合。

脊柱侧凸可分为“C”形和“S”形两种。对于“C”形侧凸，矫正练习相对简单，可以按照一般原则编排体操动作。“S”形侧凸的矫正较为复杂，需要注意避免矫正一个侧凸的同时加重另一个侧凸的情况发生。可以采用节段性的侧弯运动，使运动形成的脊柱侧凸位置与原有侧凸部位一致，但方向相反，以达到矫正的目的。

可以利用上下肢的运动纠正脊柱侧凸。举起左臂可以提高左肩，使胸椎向左突出，从而纠正右侧胸椎凸出。抬起左腿可以使骨盆向右倾斜(左高、右低)，使腰椎向右凸出，从而纠正左侧腰椎凸出。在纠正“S”形脊柱侧凸时，可以尝试抬起同侧的上下肢。

2. 脊柱侧凸康复运动的注意事项

为了有效纠正脊柱侧凸，需要确保矫正体操的动作准确无误。此外，还需长期、系统地坚持主动矫正与被动矫正相结合的练习。在日常生活中，也应特别注意保持正确的身体姿势。

(二)肩周炎

肩周炎

肩周炎，也称为“冰冻肩”，是指肩关节周围软组织发生的一种慢性无菌性炎症，主要发生在中老年人中，尤其是50岁左右的人群最易发生肩周炎。肩周炎通常为单侧发病，但有时也可能同时发生在两侧肩部。长期缺乏肩部活动、慢性劳损、局部血液循环和代谢障碍等因素都会导致肩部软组织发生退行性改变，进而引发肩周炎。

治疗肩周炎的方法主要包括按摩和医疗体操两种。医疗体操可以分为主动运动、摆动运动和牵伸运动等几类。主动运动主要是让肩关节向各个方向运动，包括外展、外旋和内旋等运作。摆动运动是让身体前屈，双臂自然下垂，进行前后、内外的放松摆动和绕环练习，每次练习应进行30～50次摆动。随着症状的改善，还可以适当进行负重摆动练习，尽量增大活动幅度，但不应引起明显疼痛。此外，还应牵伸缩紧的肌群，如拉伸斜方肌、胸大肌和背阔肌等，可以起到放松肌肉的作用，同时结合内旋和外旋等放松动作，效果更好。

(三)高血压病

原发性高血压，也称为高血压病，是一种病因不明确、以体循环动脉压升高为主要表现的疾病，占所有高血压的90%以上。继发性高血压是指由其他疾病(如肾病、内分泌疾病等)引起的血压升高，不包括在原发性高血压范畴内。成年人高血压诊断标准为非同日3次诊室血压测量收缩压≥140 mmHg(18.7 kPa)和舒张压≥90 mmHg(12 kPa)。康复运动适用于1级、2级高血压以及部分病情稳定的3级高血压病人。禁忌证包括急进性高血压、重症高血压或高血压危象、病情不稳定的3级高血压、合并其他严重并发症(如严重心律失常、心动过速、脑血管痉挛、心衰、不稳定型心绞痛)等。继发性高血压须根据发病原因进行治疗，一般不适合进行康复运动。

1.高血压康复运动的方法

高血压病人进行康复运动的主要目的是降低外周血管阻力，以低强度、较长时间、大肌群的有氧运动（低强度有氧训练）以及各种放松性活动为主。

（1）低强度有氧运动。包括步行和游泳，运动强度一般为最大心率的50%～60%，停止运动后，心率应在3～5 min内恢复正常。步行速度不超过1.8 m/s，一般为0.83～1.3 m/s，每次锻炼约30 min，期间可以穿插休息或医疗体操。

（2）降压舒心操、太极拳和传统形式的拳操。要求患者的动作轻柔、舒展、有节奏，注意力集中，肌肉放松，思绪宁静，动作与呼吸相结合，做弯腰动作时要注意头部不宜低于心脏位置。一般来说，完成一套降压舒心操或太极拳后，血压可以下降10～20 mmHg（1.3～2.7 kPa）。

2.高血压康复运动的注意事项

（1）严格掌握适用对象：康复运动主要适用于1级、2级高血压以及部分病情稳定的3级高血压病人。（2）不轻易停止药物治疗：康复运动通常是治疗高血压的辅助方法，在很多情况下，进行康复运动并不意味着可以完全停止药物治疗，特别是2级高血压及以上的患者。对于已经合并使用降压药的患者，虽然可以减少用药量，但减量的幅度必须根据具体情况而定，不宜过早、过快减量，以免引起血压波动。（3）控制运动量：严格掌握运动量，并根据不同的病情采取不同的运动方法。例如，对于高血压合并冠心病的患者，运动量应偏小。（4）持之以恒：血压已经较为稳定的患者仍应坚持运动，这有助于巩固治疗效果。（5）加强自我监督和医务指导：在运动期间，要加强对自身状况的监督，并在医务人员的指导下进行。如果在运动过程中出现头晕、头痛、恶心、呕吐、心律失常、呼吸困难和心绞痛等症状，应立即停止运动。

（四）糖尿病

糖尿病是一种常见的内分泌代谢疾病，具体的病因和发病机理尚未完全明确。目前认为，糖尿病的发生可能是由于胰岛素分泌绝对或相对不足，以及靶细胞对胰岛素的敏感性降低，导致糖、蛋白质、脂肪和继发的水、电解质代谢紊乱。临床表现主要包括烦渴、多尿、多饮、多食、疲乏和消瘦等症状。糖尿病还可能出现急性感染、动脉粥样硬化、肾脏及视网膜微血管病变、神经病变等并发症。糖尿病患者发生冠心病、缺血性或出血性脑血管病、失明、肢体坏疽需要截肢等严重并发症的风险也很大。临床上，将糖尿病分为1型糖尿病、2型糖尿病、其他特殊类型糖尿病，以及妊娠糖尿病

4类，以1型、2型糖尿病为主。1型糖尿病，也被称为胰岛素依赖型糖尿病，其特点是机体内胰岛素严重不足，多见于青少年；2型糖尿病，也被称为非胰岛素依赖型糖尿病，其特点是机体内胰岛素相对不足，主要发生在40岁以上的成年人中，占所有糖尿病患者的90%以上。

糖尿病的治疗必须采取综合措施，即综合应用饮食控制、药物治疗和康复运动这3种措施，这3种措施被称为糖尿病治疗的“三驾马车”。中国古代医书也有关于糖尿病患者运动方法的记载，表明中医十分重视康复运动在糖尿病治疗中的运用。对于轻度无症状的糖尿病患者来说，重点在于通过康复运动结合适当的饮食控制来改善机体新陈代谢和整体功能。对于有症状和严重糖代谢紊乱的患者来说，首先需要采取饮食控制和药物治疗等方法，将高血糖降下来，减少尿糖排泄；同时，进行适当的康复运动。当血糖稳定在正常范围或稍高于正常值时，逐渐减少药物剂量，力求通过饮食疗法和康复运动来控制、改善病情及提高代谢功能。在患者积极的锻炼，热量消耗增加的情况下，可以适度放宽饮食限制，但仍须坚持康复运动来巩固治疗效果。

1.糖尿病康复运动的方法

除了重度糖尿病患者尚未得到病情控制外，一般轻度和中度的糖尿病患者都可以进行康复运动，康复运动尤其适合肥胖型糖尿病患者。糖尿病康复运动的要求：(1)运动强度适中。运动时消耗的氧气占个体最大吸氧量的50%～60%，运动强度太低无法有效降低血糖和减轻尿糖，运动强度过高反而可能导致血糖升高。对于40岁以上的中老年患者，最好在锻炼前进行运动负荷试验，确定适合的运动强度，并采用分级锻炼的方式逐渐增加运动量。(2)全身肌肉训练。在运动中应该训练全身肌肉，而不是集中于某一部分肌肉，这有助于增强肌肉对葡萄糖的利用能力。(3)优先选择耐力型运动。糖尿病康复运动首选耐力型运动，例如步行、慢跑、游泳、划船、骑自行车等。其中步行是最常用的方法，可以选择在空气新鲜的清晨步行，或者在傍晚、饭前或饭后以及其他休息时步行。每天至少步行2次，每次持续0.5～2 h，总运动量达到数千米。还可以进行保健体操、医疗体操、太极拳和非比赛性的球类运动，如乒乓球、羽毛球等。症状较轻的年轻肥胖型患者还可以进行排球和篮球运动。

2.糖尿病康复运动的注意事项

康复运动应与饮食和药物协同用于糖尿病的治疗工作。不宜在空腹或药物作用高峰时刻进行锻炼,以免发生低血糖反应。在进行体育锻炼时应避免剧烈运动,因为剧烈运动容易导致糖尿病患者出现全身无力、饥饿、烦躁和心悸等不良反应。年老的糖尿病患者,在进行康复运动之前应检查心血管系统的运动机能,以诊断是否患有隐性心血管系统疾病,预防意外事故的发生。定期检查血糖和尿糖,随时观察机体对体育运动的反应,以便及时调节和掌握运动量,并观察治疗效果。

第三节　运动处方

运动处方是指针对个人的身体状况，以处方的形式制订的系统化、个性化、精准化的体育活动指导方案。其特点是因人而异，对“症”下药。

一、运动处方的概念和发展历史

（一）运动处方的概念

运动处方主要针对体育参与者，通过他们的医学检查资料，包括运动试验和体能测试结果，按其运动负荷能力以及心血管功能状况，结合生活环境和运动爱好等个体特点，用处方的形式规定适当的运动种类、时间及频率，并指出运动中的注意事项，从而有计划地进行体育锻炼，达到强身健体或治病的目的。

运动处方的实施要遵循以下4项原则：（1）个性化原则；（2）安全有效原则；（3）可行性原则；（4）定期调整原则。

（二）运动处方的发展史

早在20世纪50年代，美国生理学家卡波维奇就提出过“运动处方”的定义。1969年，世界卫生组织正式采用了“exercise prescription”（运动处方）术语，随后国际社会对运动处方的研究、推广、应用不断深入。前西德Holl-mann研究所对运动处方理论和实践进行了研究，制订出针对健康人、中老年人、运动员、肥胖症患者等的运动处方，社会影响显著。

二、运动处方的原理及主要内容

（一）运动处方的原理

人体运动时体内发生着各种变化，如脉搏和呼吸频率加快、血压升高、体温上升等。人体在运动中和运动刚结束时发生的变化，称为一时性适应。

一时性适应因运动方法不同而不同。如举重运动和跑步运动所引起的反应就有所不同；即使都是跑步，短距离快跑和长距离慢跑所引起的反应也有所不同；即使都是长距离跑，跑步速度和时间不同引起的反应也不同。

一时性适应的多次重复，可产生持续性适应，持续性适应也因运动方法不同而有差异。如反复进行剧烈的用力运动，会使肌肉变粗、肌肉力量增强；反复进行长距离跑，可增强心肺系统功能，促进呼吸和血液循环，使机体摄入更多的氧气。

但是，并不是重复任何运动都可以引起持续性适应以及获得良好的训练效果。运动强度过小或时间过短不会引起适应，或者即使引起适应也很弱，如果两次重复的间隔时间过长，训练效果也不好。如果运动强度过大，超过身体能够适应的极限，也会给身体带来负面影响。为了获得良好的训练效果，要合理安排运动强度、时间、负荷量。

（二）运动处方的主要内容

一个比较全面完整的运动处方应包括以下几项内容（图5-3-1）。

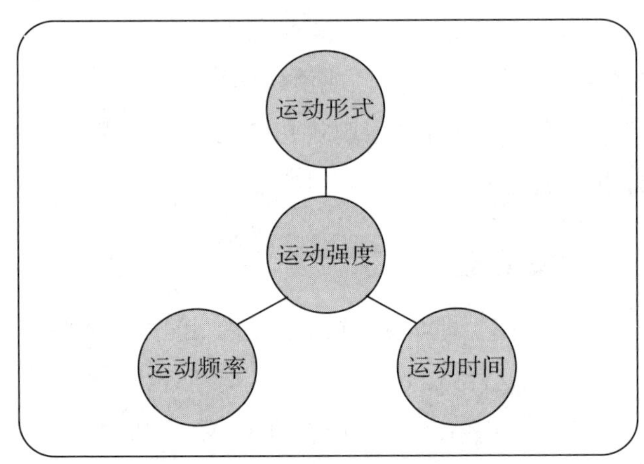

图5-3-1　运动处方基本内容

1.运动形式

为了增强、改善心血管系统及代谢功能，防治冠心病、肥胖症、动脉粥样硬化等疾病，可练习耐力项目（有氧训练），如步行、健身跑、骑自行车、游泳、划船、登山、上下楼梯和跳绳等。为了调节情绪、消除疲劳，防治高血压病、神经衰弱等疾病，可选择运动量较小的项目，如气功、太极拳、散步、放松操和保健按摩等。为了治疗某些疾病和进行功能训练，可选择医疗体操，如肺气肿、支气管炎应做专门的呼吸体操，内脏下垂应进行腹肌锻炼，肢体骨折痊愈后应进行功能训练，截瘫患者要进行轮椅训练，截肢患者应进行假肢训练等。

2.运动强度

运动强度、运动时间和运动频率是组成运动量的三要素，其中运动强度是最重要的因素，是获得良好的训练效果以及确保运动安全性的关键。因此，确定适宜的运动强度是制订运动处方的主要内容之一。

反映运动强度的生理指标有3个：(1)运动时的心率；(2)运动时吸氧量占最大吸氧量的百分数；(3)运动时代谢率为安静时代谢率的倍数(其单位是梅脱，METs)。

为了便于临床工作，国内外常采用心率作为确定运动强度的标准。大强度运动时的吸氧量相当于最大摄氧量的70% ~ 80%，运动时的心率可达125 ~ 165次/min，这种强度很少用于慢性疾病患者；中等强度运动时的吸氧量相当于最大吸氧量的50% ~ 60%，运动时的心率为110 ~ 135次/min；小强度相当于最大吸氧量的40%以下，运动时的心率在100 ~ 110次/min。

3.运动时间

耐力型运动(有氧训练)可持续15~60 min，反映运动强度心率的时间必须持续5~15 min以上，才能获得良好的训练效果。

运动强度和运动的持续时间决定运动量，即完成同样的运动量，当运动强度较大时，持续时间较短；年轻和体质好者可选择强度大、持续时间短的练习项目，中老年及体弱者宜选择强度小而持续时间较长的练习项目。

4.运动频率

一般每日或隔日运动一次，根据运动量的大小而定，若运动量较大，休息的时间应延长。

三、制订运动处方的程序

(一)制订运动处方的主要程序

制订运动处方时，首先应进行自我筛查，然后进行医学和体力的检查。自我筛查主要采用体力活动准备问卷(PAR-Q)和运动前筛查问卷。医学检查的目的是评定运动参与者目前的健康状况，如有无慢性病和参加运动的禁忌证。体力检查的目的是推测运动参与者的活动能力，找出有效运动的上限(安全界限)和下限(有效界限)。

最重要的检查是运动负荷试验，目前采用较多的工具是跑台、自行车功量计，通过运动负荷试验测定心率、血压、心电图，以及是否有自觉症状等，以评定有氧活动能力，有无心电图异常、血压异常以及这些异常的出现与运动强度的关系。最后，根据检查结果制订出适合个人的运动处方（图5-3-2）。

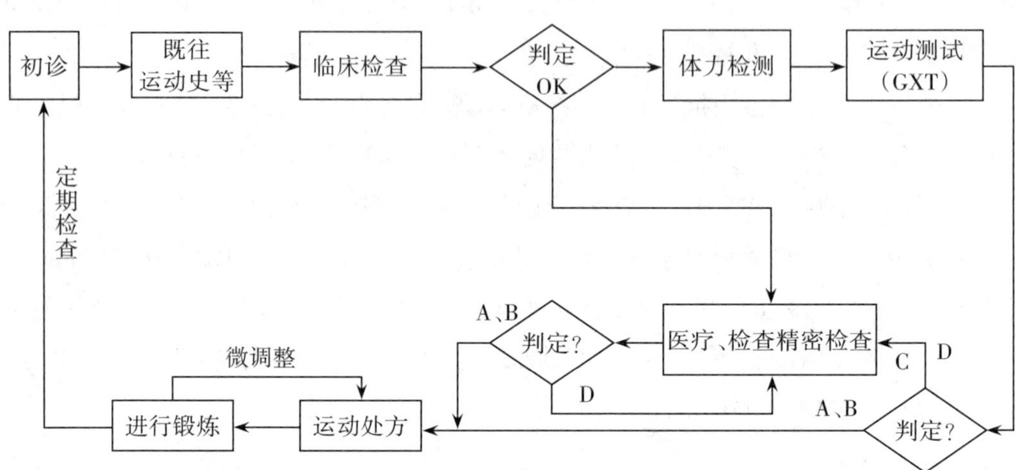

A.无异常，可以运动；B.有异常，附加一定条件方可运动；C.要做精细检查；D.不可运动，并需要治疗。

图5-3-2 运动处方的流程

（二）运动负荷试验

运动负荷主要用于测定有氧运动能力，诊断冠心病并对心脏病病情分类，测定运动中最高心率及确定运动时的安全性。运动负荷试验是最重要的检查方法之一，制订运动处方必须做运动负荷试验。

试验中的运动负荷有两种，即最大负荷与次最大负荷。最大负荷试验比次最大负荷试验更符合要求，但危险性更大，尤其不适合应用于老年人或某些疾病的患者。

为了确保运动负荷试验中的安全性和运动处方的有效性，常放弃最大负荷试验而采用次最大负荷试验。此外，在进行运动负荷试验时，对在医学检查中发现的某些疾病的潜在患者或可疑者，必须准备相应的急救对策。

1.试验前的安全检查

实施运动负荷试验前，首先应清楚受试者有无禁忌证。因为临床应用运动处方时，死亡事故多由心血管系统疾病引起，所以心电图和血压是不可缺少的检查项目。

2.确定检查项目

评价受试者在检查当天的身体状态是非常必要的，具体检查项目如下。

（1）有没有传染性疾病；

（2）体温（腋下）是否超过37 ℃；

(3)安静时心率是否每分钟在100次以下;

(4)安静时收缩压是否超过120 mmHg;

(5)当天有无饮酒;

(6)睡眠是否充足;

(7)进餐是否规律;

(8)是否已接受医学诊断,并得到医师对运动的许可。

3.确保运动负荷试验中的安全性

在受试者面色苍白、发绀、高度呼吸困难、胸闷、脚疼、发生外伤时,终止试验;比较运动中与安静时的心电图有无差异,若运动心电图S-T段下降、心律失常等,应终止试验;运动中如果血压过高,终止试验;当增加负荷时,如果出现血压下降,表明心脏衰弱,终止试验。为了运动负荷试验的安全性,在进行最大负荷试验时,预先给受试者设定一个明确的目标心率,试验中一旦达到目标心率,就可终止试验。目标心率因人而异,一般来说,最高心率会随年龄的增长而下降,目标心率也随年龄的增长而下降。

尽管采取了以上安全措施,但还是有发生运动事故的可能,所以运动负荷试验只能在医师到场的情况下实施。另外,还要事先做好急救的安全准备,一旦事故发生,确保有相应对策。

根据上述检查和运动负荷试验的结果,合理安排运动量。

(三)体能测试

体能测试也是验证运动参与者实际运动负荷能力的一种方法,也是保障运动处方的有效性和安全性的有效措施。经典的体能测试有定时的12 min跑和定距离的3000 m跑,还有500 m游泳。国外还常采用1.5 mile(约等于2414 m)跑。无论采取哪种方法,都需要根据运动参与者的体能测试成绩来对其运动负荷能力进行评价,特别要说明的是,体能测试要在运动负荷试验结果正常的前提下再进行,以防出现意外。目前,在我国学生体质测试中,体能测试一般采用男子1000 m跑和女子800 m跑的方法。

思考题

1.试述康复运动的原则和禁忌证。

2.试述青少年脊柱侧凸的病因和康复方法。

3.为糖尿病人群制订康复运动方案时,需要注意哪些方面?

4.运动处方的组成要素与制订程序是怎样的呢?

部分参考文献

[1]威廉姆等.运动与营养 第3版[M].荫士安,主译.北京:人民卫生出版社,2011.

[2]莫恩,伯克.运动营养[M].吴昊,译著.北京:北京体育大学出版社, 2017.

[3]周丽寰.体育运动卫生保健知识问答[M].西安:西安交通大学出版社,2012.

[4]焦丽燕.运动卫生保健常识[M].北京:高等教育出版社,2016.

[5]牛雪松.青少年身体素质训练技巧一点通[M].长春:吉林出版集团股份有限公司,2021.

[6]秦伟.身体素质训练指导[M].北京:九州出版社,2020.

[7]万清,叶佩旭.体态:倾听身体的求救信号[M].北京:中国友谊出版公司,2019.

[8]木场克己.知识进化图解系列.太喜欢体态训练了[M].汪雨欣,译.天津:天津科学技术出版社,2022.

[9]巴尔扎克.论现代兴奋剂[M].甘佳平,译.南京:译林出版社,2012.

[10]杨翼,李章华.运动性疲劳与防治[M].北京:北京体育大学出版社, 2008.

[11]贺洪.运动性疲劳机理的探讨:运动过程中的羰基应激[M].湘潭:湘潭大学出版社,2012.

[12]邹克扬,贾敏.运动性疾病治疗[M].北京:北京师范大学出版社,2009.

[13]罗伯特·S.高特林.运动损伤的预防、治疗与恢复[M].高旦潇,译.北京:人民邮电出版社]2017.

[14] 戴维·波塔奇,埃里克·梅拉.运动损伤预防解剖学[M].徐晓天,译.北京:人民邮电出版社,2023.

[15]生命链急救.运动损伤急救[M].北京:社会科学文献出版社,2022.

[16]Aaron J.Krych,Leela C.Biant,Andreas H.Gomoll,等.膝关节软骨损伤:治疗前沿与争议[M].陈疾忤, 庞金辉,主译.北京:中国科学技术出版社,2023.

[17]韩慧,王鸽,盛朝辉.运动损伤与运动康复[M].北京:人民体育出版社,2019.

[18]何塞普·马尔默·艾斯帕夏，阿图尔·贾科姆·卡拉斯科.运动按摩彩色图谱[M].汤璐，译.北京：人民邮电出版社，2020.

[19]迈克尔·麦吉利卡迪.运动按摩指南：提升运动表现的按摩实践技法[M].朱宸铄，译.北京：人民邮电出版社，2018.

[20]希伊.实用医疗体育手册[M].张路德，朱晓萌，译.郑州：河南科学技术出版社，2001.

[21]美国运动医学会.ACSM运动测试与运动处方指南：第十版[M].王正珍，译.北京：北京体育大学出版社，2019.

[22]赵斌，张钧，刘晓莉.体育保健学[M].6版.北京：高等教育出版社，2018.

[23]赵斌，姚鸿恩.体育保健学[M].北京：高等教育出版社，2011.

[24]姚鸿恩.体育保健学[M].4版.北京：高等教育出版社，2006.